療癒內疚

停止自我定罪，
重啟生命的力量

臨床心理師 洪培芸——著

獻給來到我生命中、
來過我生命中的所有人。

目錄

第2章

冷淡逃避無法減輕罪惡感，試著為生命負責

第3章

愛莫能助的愧疚，讓人生凍結在悲傷裡

第4章 當恐懼成為壓垮自己的一根稻草

第5章

對完美無瑕的欲望，是對人性近乎聖潔的苛求

第6章

憤怒和道歉，哪個成本高？

前言

透過療癒內疚，帶來「改寫人生」的創造性行動

還記得十多年前有位知名流行音樂男歌手，情歌傳唱全台灣的大街小巷，名氣紅遍全亞洲，堪稱一代天王，後來卻彷彿人間蒸發，銷聲匿跡。原因是他的婚外情，重創了他的事業及良好形象。

不只如此，後來天王想要復出樂壇，卻在尋找演唱會贊助及安排宣傳活動時，呈現出明眼人都看得出的不自信及退縮，不復當年的意氣風發，不再能光明正大、無畏展現自己的坦蕩。

為何我對於這位天王會如此有感呢？因為在大學時期我曾是他的歌迷。那些輕快悅耳的情歌、振奮人心的旋律，還有鼓勵人們做自己的主題，幾乎人人都聽過，也能哼上幾句。並非天王寶刀已老，也不是由於新人輩出，而是因為不堪的婚外情帶來羞愧及內疚，讓這些膾炙人口的音樂及天王的名字，一併成了讓人淡忘的歷史。

長期未解的內疚，將損害生命力

美國著名的心理學家兼精神科醫師，也是意識能量學宗師大衛・霍金斯（David R. Hawkins）博士在《心靈能量：藏在身體裡的大智慧》分析了各種情緒能量等級，從最負面到最正面的情緒，依照其等級給予數字零到一千。等級兩百以上，是正向的能量；做為區分點的兩百，正好就是勇氣層級。

兩百以下都是負向、也是有害身心的情緒能量。其中，「羞愧」的情緒能量等級只有二十，瀕臨死亡；「內疚」的情緒能量等級，也只有三十。

換言之，羞愧與內疚不只是負向情緒，它也直指一個人的生命力如同槁木死灰，無法活出原本的蓬勃生命能量與活力朝氣。看似活著，實則死去。

然而，「寬容」的情緒能量等級卻是三百五十。當你能夠療癒內心深處那些埋藏多年、想要帶進墳墓、不敢被人知道的羞愧與內疚時，巨大的生命轉變就會發生。你能從寬容中獲得自由，重新成為生命的主宰，真正地活出全力，成為自己人生的創造者。

本書提及的「內疚」所圍繞的七種情緒，同時參考大衛·霍金斯博士的情緒能量等級，定義說明如下（括號內的數值為情緒能量等級）：

1. **羞愧**（20）：做了傷害他人、違反道德及良心的事，而感到羞恥、慚愧及內疚，能量等級趨近死亡。

2. **內疚**（30）：本書核心情緒，懊悔、自責……都是內疚的呈現方式。

3. **冷淡**（50）：心懷內疚，卻使用心理防衛機制隔離內在的真實感受，外顯冷漠，實則無助、自責。

4. **悲傷**（75）：內心消沉，懊悔沮喪，覺得自己的往後終其一生只能這樣，深感絕望。

5. **恐懼**（100）：深怕內疚之事被人揭穿，也就是真相曝光、東窗事發，內心懷著外人看不見的被威脅及恐懼感。

6. **欲望**（125）：讓人耗費許多心力，想要去達成理想中的標準；更接近於「執著」，沒有彈性，無法鬆動及放鬆。

7. **憤怒**（150）：曾經被傷害過，因而無法原諒別人的憤怒；傷害過他人，卻不被接受及原諒的憤怒；還有更深層地，對自己的憤怒。憤怒也會表現為怨恨及報復。

本書二十五個故事依據情緒分類，幫助讀者釐清自己的主要情緒分屬哪一種。畢竟，情緒很少會單一出現，更常見的是多種情緒層層交織，讓人剪不斷、理還亂。但我們仍然可以從最外顯的情緒切入，探討與梳理內疚感。

華人社會常見的內疚議題

真心渴望及嚮往的事，沒有去做；理智及良知上應該做的事，沒有做或做得還不夠；理智及良知上不應該做的事，不小心做了，或暫時自欺欺人地（透過心理防衛）去做了。

內疚是一種錯綜複雜、層層交織的負向情緒，它讓人無地自容，讓人感覺自己很差勁；儘管感到非常沉重，卻又如影隨形，時時刻刻提醒著自己：你傷害過他人、你對不起別人、你逃掉了屬於你的責任、都是你害了他、你是個怯懦的人、你是個自私自利的人、你很糟糕、你很惡劣……這些內疚感與不時出現的心中旁白，也拖累我們往後的人生。

本書介紹的內疚類型包含：

．曾經傷害別人的內疚

無論是直接或間接傷害，包含說了難聽及羞辱的話，做了讓對方下不了台的事，和帶來重創、打擊，因此讓他人內心受傷、從此記恨；或是間接及連帶傷害，讓更多人遭到池魚之殃。

．養育孩子的內疚

或許是自認把孩子生壞了，讓他一出生就智能不足及發展遲緩，或是有各種生理及心理相關的障礙。即使孩子身心發展健全，從呱呱墜地到長大成人，後來卻發生意外或做了壞事，爸媽可能也會想，如果當時有多做些什麼

（或者不做什麼），也許孩子就不會因為意外而出事，或者不至於學壞。

・長照家庭難以兩全的內疚

長壽時代下有越來越多的長照家庭，既要妥善照顧年老重病的爸媽，又要兼顧婚姻與孩子教養。即使三代不同堂，但夾在中間的世代越發疲於奔命，對誰都虧欠，生出難以兩全甚至多全的內疚。還有手足責任分擔不均、失智爸媽難相處、爸媽偏心等重重考驗，也一再加重照顧者的痛苦、負擔及自責。

・曾背叛、糟蹋及拋棄別人的內疚

常見於親密關係出軌。有些人因為婚姻出軌，讓伴侶罹患了憂鬱及各種情緒困擾，甚至因此殞命；有人則曾經拋家棄子，後來對於沒有照顧孩子、參與兒女成長過程而感到內疚。

・讓家人失望的內疚

沒有達成爸媽的期望，沒有讓家人面子增光，或者是讓家人傷心、氣憤及失望的內疚。例如沒考上第一志願、沒有就讀前景一片光明的熱門科系，或是沒有在社會文化定義的標準及時間限制下，結婚及生兒育女。甚至，如果喜歡的是同性，可能讓家人難以接受、更加失望。

這裡牽涉到「課題分離」的學習。每個人要負責的是自己的期望，而不是去實現或滿足任何人的期望。

甚至是時間軸拉長，加上整個劇本反轉，原本做為「受害者」角色的人，心中可能也會產生沒有原諒對方、沒有早點諒解對方，或是已來不及和解的內疚，這尤其常見於兒女對爸媽。

沒有深入了解內疚，沒有及早處理內疚，會讓人用多數時間及心力反芻當年的懊悔，不能全神貫注、活好當下，也無法全力以赴活出未來的人生。

內疚、後悔和遺憾

著有多本暢銷書、被譽為「全球五十位頂級管理思想家」的丹尼爾．品克（Daniel H. Pink）在其最新著作《後悔的力量》（*The Power of Regret*）裡提到：「全世界的人一致表達相同的四種核心遺憾。這些遺憾會跟著我們很久，顯示人們的基本需求。」

品克提到的四種核心遺憾，包含根基遺憾、勇氣遺憾、道德遺憾、人際遺憾。無論是哪種遺憾，都難以單獨明確分類，其中牽涉到許多心理因素，互有相關。

內疚和後悔、遺憾很相近。換言之，與內疚相關的感受及人生課題，是跨文化的重要議題。然而細究之下，內疚和後悔、遺憾又不完全一樣。內疚更指向當事者的內心深處，與罪惡感及自責更相關、密切，因此也帶給生命更為沉重的負擔。

你可能會後悔沒有趁大賣場買一送一、大打折扣的時候，去購買某些特價商品，但不會因為沒有去買特價品而感到內疚，甚至產生罪惡感。

內疚與**個人的身分認同**、**自我價值感**、**自我形象及生命意義**扣得更深。透過對內疚的深入探索，可以引領自己把握能把握的，改寫能改寫的，把長年埋藏的悔恨，更早化為改寫及修正人生的行動。

這並不是按下復原鍵，也不是回到過去的時間點（可想而知也不可能），而是讓過往及「現在進行式」的憾恨，不再是生命中的汙點及缺點，透過療癒內疚的行動，改寫自我認知及身分認同，創造出更有力量、生命意義更深刻的人生版本。

同時，你將不再被祕密及內疚拖著走，從此活得更自在、輕盈，並且更全神貫注、過好當下的每一天；沒有負累且無須遮掩，繼續開創各方面的豐富人生。

為符合社會期待引發的內疚

在處理內疚的過程中，我們尤其需要分辨的是「**人工的內疚**」。內疚涉及一個人內在的良知，也涉及能力及責任感，三者密不可分；而在更大的架構內，也與社會文化有關。

因為有良知、能自省，才會內疚；因為有能力，相信這件事在自己的能力範圍內，可以去做卻沒有做，才會內疚（例如發生大地震等天災，不在我們的能力掌控範圍；但是在天災發生後，去災區擔任志工，協助傷者及老弱；或者透過捐款幫助受災者重建家園，卻是我們力所能及）。因為有責任感，認為這件事並非事不關己，覺得沒有盡到屬於自己的責任，才會內疚。

社會文化的架構，涉及「人工的」內疚及罪惡感。可想而知，不同社會文化有不同的人為規範。隨之而來的是身為女性、男性、爸爸、媽媽、兒女等各種角色，必須符合哪些期待及標準。

如果不符所屬社會的期待及標準，「自己沒做到」、「自己不盡責」、「自己不夠好」的內疚就可能油然而生。

我們需要清楚明白自己的能力範圍，而不是過度要求自己追求神一般的標準，例如無止境地符合自古流傳，卻早已過時的「孝順」。

我們也需要分辨清楚，哪些是自己的責任，哪些則是共同的責任，哪些又是社會文化加諸的責任。

內疚可以讓一個人終其一生，都無法擺脫內心深處的罪惡感、愧疚及自責，長年滯留及阻礙人生；但這種複雜感受卻也能呼喚我們去認識自己，去面對問題及洞察生命本質、從而引發改寫人生結局的創造性行動。

自我同理（self-compassions）的力量

同樣的內疚情境和事件，如果發生在你的好朋友身上，你會怎麼面對他，或是幫助他呢？一般來說，如果內疚當事人是你的好友，你會對他比較寬容，能夠理解朋友犯過的錯，並且鼓勵他再出發，不要從此活得畏縮及退縮。然而，當事者若換成自己，我們就會比較嚴苛。

許多人內心都懷有內疚，卻傾向放棄處理內疚。這是因為多數人都誤以為所有過去的遺憾、懊悔、內疚，以及遭受破壞的關係，都是回天乏術、木已成舟。但這其實就像處理瘀青，沒有塗抹一次就能完全退瘀的萬能藥膏。

就如同治療瘀青的過程，只要我們願意處理內疚，它就會從深重的顏色慢慢變淺，到後來不只幾乎不見痕跡，也從先前的種種教訓中，學到更懂得善待他人與放過自己的珍貴生命功課。

在此我要邀請你一起開始療癒內疚，做出創造性的改寫人生行動。若你願意，必能全神貫注、全力以赴地活出自己的潛能及價值，帶給這世界更多的豐盛，獲得屬於你生命的最高成就。

第1章

愧疚是一條隱形鞭子，傷人也傷己

「內疚感使人戴上有色濾鏡，放大負面信念及人性中的惡」

失落的天倫之樂

兒子哲生就要返家了……

兒子過年返鄉，體貼的媳婦、可愛的小孫女熱熱鬧鬧地回到台中，一家團聚，該是一件喜事吧！以前的同事老張，三不五時就在臉書上分享孫子學步、牙牙學語的可愛照片；同事老陳不知何時也成了兒孫奴，開口閉口都是自己的外孫。

啊，孫女現在會說話了，不只會叫爸爸、媽媽，也會叫阿公了。孫女喜歡吃什麼，孫女喜歡玩什麼……孫女長、孫女短的，以前總是板著臉的大男人，現在看著娃孫兒，各個都成了繞指柔。當年對親生孩子的態度，都沒有現在對自己的孫子好、有耐性，也捨不得打，臉上總是堆滿笑容。

都說年輕人晒恩愛，現在他們這群退休後的老人，倒是都在「晒可愛」，彷彿深怕別人不知道他們家兒孫滿堂、家庭美滿。

想著想著，煒豪突然驚覺，怎麼自己的念頭竟然酸溜溜了起來？似乎是羨慕同事，又像是「吃不到葡萄，就說葡萄酸」、見不得人家好的心態。

但是，想起自己的家，一整個空蕩蕩啊……

煒豪早年在大學任教，家境稱不上富裕，但也算小康；尤其，上一代有留下祖產，在台中市區住起透天厝並不難——單層三十坪、共四層樓的房子，竟然只有他一個人住。

哲生在大學聯考後，就負笈北上；接著念研究所、工作及結婚都住在台北，彷彿是定居了。女兒哲熙目前在高雄上班，在外面租屋，每三週就會回家一趟，每三天就會打一次電話回家。

明明都是自己的孩子，比起哲熙，兒子哲生跟他相對疏遠，總是要等到農曆春節才回家，一年父子才會見到一次面。之前疫情最嚴峻時，哲生都沒有回家，只有捎來幾通電話。

那天，煒豪才剛用過午餐，手機突然響起，是哲生來電。內容大抵是這樣：「爸，現在疫情這麼嚴峻，我女兒還小，小孩子抵抗力差，實在很怕搭乘高鐵會感染上新冠肺炎！這次過年就不回去了。」接著，父子倆簡單寒暄幾句，就匆匆掛了電話。

換言之，距離上次父子相見，已經過了兩年。人生能有多少個兩年呢？然而，煒豪又能說些什麼？已過了耳順之年的他，自知如今光景皆是自己一手鑄成。

他自己做過的事——那個偷情的過程——他記得清清楚楚。當時哲生還小，好多年前的往事……

因為想提早下班，趕赴情人住處雲雨巫山，而對同事編造藉口；開車前往偷情地點，開車行經的所有路線；對情人說的甜言蜜語、海誓山盟，也包含專程停靠在康是美買的保險套。對照回家後，對妻子說的漫天大謊，乃至於被妻子發現他出軌。兩個人澈底攤牌後，他基於自尊不保，恥辱感升起，遂而指鹿為馬，指責都是妻子不好，才讓他愛上別人：「都是你婚後變得無趣，把心思用在照顧孩子、爸媽；都怪你持家無度才讓開支特別凶，讓我倍感工作賺錢的壓力！」

不僅如此，出軌的副作用，還包含了他對年幼的兒子哲生沒有耐性，不像以往好聲好氣。

記得好幾次，年方五歲的哲生搖搖晃晃地走路、笑嘻嘻地撲過來，要找下班後的爸爸玩。然而，當時的煒豪，心思意念全都在外頭的女友身上，硬生生地把想要找爸爸陪玩的哲生推開。

那時的他，什麼話都說得出口！那時的他，什麼事都做得出來！

發現心觀點

曾經烙下的傷痕，永遠來得及修復

對於曾經傷害過家人的人——無論是口出惡言、暴力相向、出軌離家、在外頭惹禍導致連累家人甚至是拋棄家人——來說，做過的錯事不僅在家人心中留下難以抹滅的陰影，也讓自己的人生陷入痛苦。

如同故事中，煒豪出軌、背叛妻子，成了拋棄家庭的先生及爸爸；也讓年幼的兒子心有怨懟，留下陰影。雖然煒豪後來選擇回歸家庭，然而，曾經烙印下的傷痕始終存在。尤其當時的他，沒有能力去面對妻子排山倒海的負面情緒，只能抱持著鴕鳥心態，半逃避地度日，許多問題沒有及時做出更好的處理。

那麼，過去重創了家人的心，就毫無機會及空間修補了嗎？如何能有更好的處理呢？

不限於外遇，但凡爸媽曾經對孩子有過高度控制、情緒化的教養方式，或者冷漠忽視而讓孩子內心受傷，等到孩子成年後，親子關係益發疏離。幡然醒悟的爸媽這才發現自己過去的態度和言行帶給孩子內心的傷痛，開始產生罪惡感及愧疚，卻說不出口也不知道該如何處理。

多數人就這樣被關進負罪及內疚的牢籠，而獄卒就是他自己。世俗道德及過往回憶也如同枷鎖及緊箍咒，如鬼影般地長年如影隨形。

然而，如果我們能深刻理解到：所有受傷的「孩子」都等著爸媽的道歉和理解。那麼，身為爸媽能夠做的就是梳理自己的情緒，持續調整好自己的狀態，不讓過往的傷害成為親子關係的馬里亞納海溝、臨終之前都跨不過的障礙。

請給自己修復關係的「合理」心理期待及準備。

對孩子示好卻無效，都會感到自尊受傷和心灰意冷。但是別忘了，你能勇敢地踏出這一步，孩子也都看在眼裡、記在心裡。只是孩子的理解、消化乃至於轉化，需要時間。

合理的心理期待，就是你知道「**修復不是一蹴可幾，需要一試再試**」。

必要時，「允許」自己暫時後退一步，這就是做好準備。暫時後退，意思是能給對方空間，讓對方感受到你想要跟他道歉，但是你更重視他的感受及意願；你沒有勉強他現在就要敞開心扉，必須接受你的一切。

在重新建立連結的過程中，持續表達，讓對方明白自己的愧疚之意並付出關心。不要因為一時碰壁，付出努力卻不符預期，甚至飄過放棄的念頭，就過度苛責自己。

我還有機會說「對不起」嗎？

鈺萱翻了一個好大的白眼。一切真是夠了！

我都已經十七歲了，還把我當成小孩嗎？幾點回到家、晚餐該吃什麼、跟誰出去……都要跟她報告啊！有完沒完！

新冠疫情趨緩，逐漸解封，被關了快三年的人們出國的出國、出遊的出遊；身為學生的他們，這幾年都關在家裡進行線上課，悶死了！長時間關在家裡，跟爸媽大眼瞪小眼；也看著爸媽彼此大眼瞪小眼。好不容易能出去透透氣，也能好好打扮一下。青春正甜，哪個少女不愛美？網購買的耳環、紋身貼紙、衣服、包包……總算能穿到街上，好好地亮相。

鈺萱繼續回想，並且在內心對話著：幾點回到家？事情結束就會早點到家！若是補習班有事耽擱，搭公車遇到尖峰時刻塞車，又或者下課後去買個鹹酥雞當宵夜，當然就會晚點到家。有必要管得這麼嚴、問得這麼精確嗎？這些又不是我能控制的！

晚餐該吃什麼？我想吃什麼就買什麼。她怎麼一天到晚都這麼嘮嘮叨叨？記得要少油、少鹽及少糖。拜託！這種食物長期吃下去，就算身體健康，也會讓人心情憂鬱吧！她有必要限制這麼多嗎？手搖飲料我也沒有天天喝啊！最新上市的草仔粿奶茶多好喝啊，外型如同粉圓的草仔粿咀嚼起來Q中帶勁，還有那香甜濃郁的奶茶基底……想著想著，鈺萱已經拿起手機用 App 搜尋店家，準備在 Uber Eats 下單；或者下午出門時，直接買回來解饞。總是喝烏龍綠茶常溫還無糖，人活著還有樂趣嗎？

跟誰出去？還能跟誰？不就是我的高中同學，不然就是補習班認識的別校好友。她問這麼多，到底是有多不放心！難道我自己挑的朋友會是狐群狗黨，或者豬朋狗友嗎？就算我的年紀輕，也不代表沒有識人的眼光呀。

讓鈺萱焦躁易怒的那個代名詞的「她」，就是鈺萱的媽媽。

許多時候，鈺萱也會對媽媽傳來的訊息「刻意」不讀不回。沒讀沒事，就當做是還沒看到嘛……反正現代人都很忙，即使是學生，也有課業和社團要忙。總之訊息太多，很容易就被淹沒了。

正當鈺萱內心的小劇場上演得如火如荼，突然一個急匆匆的腳步聲靠近她……

「你有接到媽媽的電話嗎？」說話的是一大早就坐在客廳裡看電視影集的爸爸。

「沒有啊！她怎麼了？」鈺萱漫不經心地回應著，連頭也沒有轉過去，兩眼繼續盯著電腦螢幕。

「你媽出車禍了！」爸爸的語氣急促又慌張，伴隨著打開櫃子、拉出抽屜，似乎在整理物品的聲音。

「什麼！」鈺萱這時才回過神來，臉色一整個發白。

「你也趕緊準備，我們一起去醫院看媽媽。」爸爸簡短地回應，繼續埋頭整理要帶去醫院、太太可能會用到的衣服、內衣褲及盥洗用品，還有相關文件等。

鈺萱原本要跟同學去逛街的興致沒了，隨即湧現深深的懊悔及自責。媽媽先前傳給我的訊息是什麼？媽媽想跟我說什麼？為什麼我要封鎖她！為什麼我不讀訊息！為什麼我這麼倔強！為什麼我要這麼叛逆！數不清的自責，不斷湧上鈺萱的心頭。心中不停地上演小劇場，劇碼從對媽媽的反感及埋怨瞬間急轉直下，改成對自己的憤怒及責備，還有對媽媽深深的愧疚。

發現心觀點

把握每一次可以好好說、好好做的機會

無論是成年人或青少年，常見的內疚議題就是：**自己當初有機會做，卻沒有做；當時應該做，卻刻意忽視或不做。**例如故事裡的鈺萱，當初明明可以回應媽媽，卻故意忽略，或賭氣不理，只因為自己的情緒過不去，因為「每個孩子都有想要被當成大人對待」的自尊需求。

人的自尊最容易受傷。什麼樣的傷口最難好？不是五臟六腑，也不是皮膚，而是看不見的內傷，尤其是自尊。因為自尊無形、無色又無相，很難被看見；即使被看見，當事者也礙於面子而無法承認。

親子之間容易造成的隔閡及誤會之一，就是彼此有所保留，產生心結或不舒服，卻**沒有能力好好說**。父母總以為孩子因為太年輕，認知成熟度不夠，無法懂事並理解人情世故，因此對成人世界的複雜面向刻意不說，或有所保留——常見心態是等孩子長大再說。然而對傳統型的父母來說，自己的孩子永遠是孩子，也長期都「被當成」孩子，即使孩子的頭髮都白了。如此一來，不只可能讓孩子對於事情的真相及全貌產生誤解，還可能產生自己不被看重、不被大人認可的心結。

父母們別忘了，現在的孩子比過去的我們更聰明，也更早熟，一部分是拜網路科技所賜，他們早早就能透過網路搜尋資料、快速地得到資訊及知識，進而能了解更多。

身為爸媽，面對孩子渴望自由，卻又內疚的心，如何做到理解及支持呢？或許可以試著偶爾使用輕鬆的口吻，像是「你是不是覺得我很嘮叨」、「你覺得我算不算虎媽」來貼近孩子的感受，進而調控自己教養的風格。

如果情感的流動能夠順暢，能夠敞開內心地回應對方，精準地表達自己在意的點，例如自己的需求及感到不舒服的地方；讓彼此能夠更早就學習用對方能理解、接受及喜歡的方式互動，那麼誤會就能減少，隔閡就能化解。至於憾事發生後的內疚、懊悔及自責，想必就能少很多。

每個孩子都渴望被父母關心，只是過猶不及。我們都在學習剛剛好、又有愛的距離。

我只是希望你懂我

已經晚上十一點半了，女兒鈺萱還沒有進門。想起這個唯一的女兒，素真心裡就一陣痛苦及揪心。

上高中的鈺萱平時對素真都愛理不理，素真傳訊息給鈺萱，也總是好幾天後才被讀取。母女碰到面，素真問起鈺萱正在忙什麼，鈺萱都說學校在考試、社團要練習、手機關了靜音或者跟同學去看電影……所以才會很晚讀訊息。

其實，素真是知道的。現代人無時無刻不在滑手機，有誰傳來訊息，會不知道嗎？對方總是不讀自己的訊息，那麼就是被自己想要聯繫及維持關係的人封鎖或是刻意忽略了。

鈺萱是自己辛苦拉拔大的女兒啊！家裡稱不上環境優渥，但素真捫心自問，該有的關心及照顧都有；就算母女間出現衝突，也不至於像坊間說的情緒勒索，或者氣到動手。但女兒平常對自己不理不睬，只有在需要錢的時候，對自己的態度才會積極些。

這些狀況都讓素真更加氣餒，也持續滋長著不滿和寒心。怎麼這個孩子現在會變成這樣呢？把我當成提款機和工具人，想利用時，才接近；用不著時，就棄之不理。

鈺萱到底在想什麼，素真都不知道；而鈺萱在外面的生活，素真也不得而知，覺得自己被推開來，無法參與女兒的世界。

啊……素真聽到鑰匙開門的聲音，是誰回來了呢？

是剛從補習班下課的鈺萱。鈺萱提著一個長條形盒子，似乎有些手足無措；她不是將盒子拿到素真的面前，而是放到飯廳的桌上，側身對著素真說：「我剛剛下課後，繞去西門町買的。」接著就走入自己的房間。

素真走向飯廳，看著桌上的盒子——是蜂蜜蛋糕！心中突然流過一陣陣的暖意，還有隱微的愧疚。因為素真最喜歡吃的，就是蜂蜜蛋糕了！鬆軟細緻的蛋糕體，搭配蜂蜜的香甜氣息，入口即化。

原來鈺萱有把自己的喜好記在心裡！原來鈺萱透過這樣的方式，表達對自己前陣子車禍住院的關心！怎麼自己剛剛坐在客廳時，卻把唯一的女兒想成是唯利是圖，把媽媽當成提款機，一心只想利用媽媽的人了呢？

發現心觀點

轉換念頭，改變心境

內心一旦受傷，有隱隱作痛的傷口，就很容易不自覺地聯想到「人性本惡」，並且以此為中心——也就是「核心信念」——持續發展出對於他人的詮釋及解讀。

知名科學家和作家楊定一博士在其著作《豐盛》中提到，人的本質是正向。這也正是我們益發忘卻的要事。我們時常會被動地、無意識地接收外界資訊，看到人為造成的負面事件報導時，加深了我們對於人性的懷疑，還有「人性本質為惡」的推定。

因此，一旦別人做了讓我們痛苦、傷心及失望的事，就會促使我們去相信人性本惡，並深信不移，從而看不到對方的其他友好表現——因為我們戴上了有色的濾鏡，還有選擇性地蒐集證據。最糟糕也最令人感慨的狀況是，還會將對方中性的表現、不是針對自己的任何言行，朝著「對方有意傷害自己」的方向去聯想，進行惡意的曲解。

然而，我們卻也在後來真相大白時，才驚訝地發現事實並非如此，並「覺察」到自己怎麼將對方想得這麼壞，產生內疚的心情。因為「冤枉」對方、錯怪他人也會激發起內疚和自責，讓自己和相關人等困在惡性的想法和情感循環中。

每當內心受傷的感覺出現時，請更多地為自己產生的每一個負面想法保持覺知。美國著名的心靈導師之一，同時也是心靈書籍暢銷作家拜倫．凱蒂（Byron Katie）曾經飽受憂鬱症所苦，甚至陷入自殺傾向。卻在一九八六年，突然從痛苦中清醒過來，洞然明白「造成我們痛苦的，並非問題本身，而是我們對問題的想法」。從而創立了「轉念作業」，協助人們以全新的眼光，看待所有引發煩惱痛苦的問題。

「轉念作業」只有四句話：

1. 這是真的嗎？
2. 我能百分之百肯定這是真的嗎？
3. 當我持有這個想法時，我的反應會是如何？

4.沒有這個想法，我會是怎麼樣的人呢？

以上這四句話，都可以在後面加上一句：**所以我的心情怎麼樣？**

在上述的故事中，素貞可以運用轉念作業，詢問自己：

1.鈺萱討厭我、痛恨我，是真的嗎？

2.我能百分之百肯定「鈺萱討厭我、痛恨我」是真的嗎？

3.當我抱持「鈺萱恨我」的想法時，我的反應會是如何？「可能想要反擊；可能想要將女兒管得更緊；可能想要用更多心力去證明自己是一個好母親……」

4.沒有「鈺萱恨我」的想法，我會是怎麼樣的人呢？「可能會感到內心平靜，更少擔憂焦慮，也更能關注其他重要的事……」

在持續向內探索的過程中，你會發現自己的焦躁和戾氣逐漸平和，不安也能減少，並安住在當下。

好人的兩難

郝仁真的不愧於他的名字，就是一個濫好人。

面對妻女之間的互動狀況，郝仁當然是看在眼裡，偏偏就是無能為力。他也不知道自己能夠說什麼或者做什麼。

有一天下午，素真和鈺萱起了不小的爭執。原因是鈺萱在學校下課後，沒有直接去補習班上數學課，而是先去逛街買東西，晚了將近四十分鐘才到；補習班老師因此打電話問素真，鈺萱今天是不是請假？因為一直沒有看到人影，所以才打電話詢問。

素真當時氣炸了！一大部分是出於擔心鈺萱的人身安全——人呢？女兒去哪裡了呢？該不會是遇到壞人或被綁架了吧！天哪，這該如何是好？鈺萱是她唯一的寶貝女兒，千萬不能有任何三長兩短。另一部分則是氣女兒沒有規矩，沒有事先告知，如果真有什麼重要的事，或者要去哪裡，應該要先跟老師報備，不可以自作主張。難道是做為媽媽的自己太失職，沒有把女兒的禮貌及做人處事態度教育好？總之，素真心中的怒氣夾雜著更多其他的情緒，只是如同多數人一樣，外化出來最明顯的，就是生氣！

晚些，鈺萱一派輕鬆地回到家。素真一看到鈺萱進門，劈頭就質問鈺萱去了哪裡？怎麼這麼不懂事！正處青春期的鈺萱也火了！原本的好心情瞬間被惡狠狠地破壞，彷彿自己做了什麼天大的錯事。

鈺萱當時在心中想著卻來不及說出口解釋的，是她原本以為先去買同學的生日禮物，頂多只占用、也就是遲到十五分鐘；沒想到挑選禮物花了太多時間，還有結帳時突然湧出許多人排隊。這間店平時哪有這麼多人？鈺萱頓時傻眼。至於沒有打電話去補習班提前告知老師，則是鈺萱想著趕緊買完禮物、抵達補習班就好；多打一通電話也只是占用老師的時間，老師不是還要忙著去應付現場的同學及各種狀況嗎？

但是，面對媽媽的質問，鈺萱脫口而出的是「你這麼凶幹什麼！」她立刻回應及展現出來的，就是武裝。

郝仁當時確實也覺得鈺萱的做法不妥，回應素真的態度也太嗆！一時之間，他就介入了妻女的戰場，對鈺萱說：「你不可以用這樣的態度對媽媽！」郝仁此時的語氣比起平素的溫和，自然是嚴厲的。

那一瞬間，讓鈺萱更是委屈了！連爸爸都站在媽媽那邊，一起圍剿她，她是腹背受敵啊！鈺萱氣到眼淚差點奪眶而出，也不想再講話。

接下來有將近兩個禮拜的時間，鈺萱都不想跟爸爸說話，頂多是面無表情、對著空氣說「我去上學了」、「我回來了」，僅此幾字，再無其他。

郝仁想著，我只是說了一句話，卻付出這麼大的代價！從此她們母女之間的事，我還是少插手為妙，作壁上觀就好。尤其，後來父女恢復對話之後，郝仁才知道鈺萱當時只是去買同學的生日禮物，並不是在外頭鬼混；這點也讓郝仁感到內疚，覺得自己當初應該先了解事情的完整狀況，再發言、再介入也不遲。急著跳出來主持公道，反而破壞了父女關係，不僅沒有發揮緩頰的作用，也讓寶貝女兒受到委屈。都說得不償失，他是連得到一點點都沒有，卻大失！

啊……好先生難為，好爸爸難當。

發現心觀點

拉下臉來說聲愛

郝仁就跟台灣社會多數傳統家庭裡的爸爸一樣，角色及職責就是工作賺錢；定時拿錢回家，讓妻女有飯吃、不會餓著；讓妻女有衣服穿，不要凍著。

郝仁也沒有什麼惡習，諸如賭博、酗酒、外遇、家暴等，果真是好好先生一枚。至於什麼心靈成長及關係中的對話，從來就不是郝仁有在接觸、能夠瞭解及深入的範疇。

總之，比上不足，比下有餘——這就是郝仁的婚姻、家庭、工作與人生。

郝仁對於家人互動、家庭氣氛……完全插不上手。他多數時間都只是旁觀者。曾經也有介入及插手，但效果也不怎麼樣；還讓女兒反過來氣他好長一段時間。因為多數時候，當事者都只能夠看到「表面」的衝突，難以看到故事的前後脈絡，還有對方的底層心理運作。

錯怪他人——尤其是錯怪關係親近的家人——因而產生的內疚，並不難覺察。但在覺察之後，多數人往往只是將內疚感繼續擱置心中，並沒有進一步地去對家人自我揭露並談開，更遑論道歉了。

因為，面對關係越是親近的伴侶或家人，有時候「道歉」、「道愛」更難說出口。有些人會假定對方遲早會懂；有些人則是礙於面子及自尊，拉不下臉來說出口——尤其是上對下的關係，也就是長輩對晚輩，如同故事中的爸爸（郝仁）對女兒（鈺萱）。

盡可能地，家人不要有隔夜仇。日常相處難免會有微小的齟齬、摩擦及衝突，甚至事後證明是誤會一場的烏龍，但如果沒有適度處理，可能會在對方心中留下冤屈的印記，長年日積月累下，成為家人關係疏離甚至是惡化的幫凶。

也許當下拉不下臉道歉，但是隔天可以表現出友好的舉動，表達出是自己誤會及錯怪了，讓對方不好受，讓對方明白你的在意。

如果憾事發生在我身上……

雅芩是鈺萱的死黨——啊！更正一下，以前才稱呼死黨，現在的女生好友都叫做「閨密」。雅芩從國中開始跟鈺萱同班，連申請高中都上了同一所，並且繼續同班，實在是太有緣了！

雅芩剛剛才跟媽媽吵完架，瞬間想起鈺萱前陣子也跟她抱怨過相似的事情。雅芩不是不練琴，只是每次練習大提琴時要控制運弓的手指、肩膀與頸部肌肉，還有不能亂動的屁股肉，這一切都是折騰。對成人來說，乖乖地安坐在房間裡練習至少一小時，有時也實在坐不住，更何況是青春正盛、總想要往外跑的少年少女們。都說「台上十分鐘，台下十年功」！這十年功夫的鍛鍊，要耐住想要出去玩的衝動；要忍住日復一日的無聊；要禁得起練習過程中的無數挫折；還有靜心等候及醞釀好長一段時間，才會有拉奏出美妙悠揚琴聲的成果，難怪多數人都撐不住，熬不過來。

雅苓的爸爸是警察，因為工作勤務的關係，多數時間住在派出所的宿舍，沒有住在家裡。因為工作忙、工時長，所以他每兩次的輪休才會回家。

雅苓想到好友鈺萱曾經跟她訴苦——鈺萱只是晚些回家，就被媽媽嚴厲地斥責。阿姨這點跟我媽還真像！果然全天下的媽媽都一樣呢，只是小事就容易抓狂，想要管控一切；總是擔心著沒有發生的事，時時刻刻都感到很焦慮；對於未來無法樂觀，總是有著災難性的想法。

「你都沒有好好練習，檢定考試一定會完蛋。」

「如果連學琴這點小事都無法做好，將來你出社會後要如何應付更大的挑戰？」

「下週三的大提琴家教日就快到了，吃飽飯不要滑手機，快去練琴。」

鈺萱是獨生女；雅苓則是姊姊，她還有一個弟弟，所以讓雅苓另外感到不平的，就是媽媽的重男輕女。弟弟學的是雙簧管，一樣都是學習樂器，媽媽對待弟弟的態度就沒有這麼高壓、緊迫盯人。反而比較是輕微地三催四請——對，重點是後面的「請」，媽媽對待弟弟的態度，相對好聲好氣。

所以每回雅苓跟鈺萱聊天，除了聊最新時尚、各自心儀的男生、閨密之間互吐心事的共同主題外，就是聊自己的媽媽——讓女孩們三不五時就想發火，不定時產生爭執及怨懟的媽媽。

上週聽到鈺萱的媽媽出了車禍，雅苓的心中震顫了一大下，同時感到驚恐及憂心。因為那時正在跟鈺萱用手機傳訊聊天的人，就是雅苓。這也促使雅苓產生聯想：天哪！如果同樣的事情發生在自己的身上，那可真是不得了！恐怕自己的心情也會跟鈺萱一樣內疚吧！是不是也會感到懊悔，希望自己的脾氣不要這麼衝？曾經輕率說出口或立即回擊媽媽的尖銳字眼，能不能回收？

發現心觀點

讓內疚感帶來「替代學習」的機會

什麼樣子的人會聚集在一起、連結在一起，成為好朋友呢？與其說是氣味相投，更精準地說，是擁有共同的核心信念。

有母女心結的女孩們，往往會成為好朋友；有「人生低潮特定主題」的人，包含遭遇伴侶出軌的婦女們；在婚姻中相對忍氣吞聲，走上離婚但無法順利探視孩子的單親爸爸們……都會組成封閉性社團或組織，成員之間變成為彼此打氣的戰友。另外，有強烈仇女心結的男性們，也會成為同仇敵愾、想法偏激的朋友……這些人透過一次又一次在網路社群或現實生活中的互動，**互相加強、持續深化共有的信念**。

雅苓和鈺萱這對好閨密的共同點，都是被媽媽嘮叨及碎唸，時常感到媽媽的管教甚嚴，而爸爸都是相對不管事的那種。

每當我們透過外在事件而引發省思，就是「替代學習」發揮作用的最好時機。我們會跟核心信念相近的人聚在一起，成為好友，也時常在不知不覺中，彼此強化各自對特定對象的想法，用相同的邏輯去解釋及理解特定對象。在上述的故事中，雅苓和鈺萱同是天涯淪落人的互相取暖，可能會讓她們在獲得同理及支持之餘，喪失機會、也沒有縫隙地去思考其他的可能性——這些可能性或許能夠鬆開及化解生命中的關係考題。

內疚感跟所有負面感受一樣，都有激發我們去替代學習、檢視生命經驗的功能。不要輕忽內疚的感受並讓它飄過，而是能夠善用及活用。將心比心的狀況下，接下來可以採取什麼樣的行動？就像故事中的雅苓，或許可以安排一個時間，跟媽媽敞開內心、好好地訴說彼此的想法；不是用受害者的角色，而是「我希望懂你，也讓你懂」，內心懷抱愛的初衷。

我的自私有錯嗎？

跟許多人一樣，麗娟每天醒來的第一件事，就是打開手機，滑一下臉書，看看自己追蹤的名人及朋友的動態。第一則映入眼簾的，就是知名律師劉大祥的文章。劉律師常在臉書分享照顧失智症爸爸的故事；他秉持著孝心、耐心還有滿滿的愛，克服長照路上的種種困難，引起許多讀者的共鳴，紛紛在發文底下留言。麗娟也是其中之一。

當她看到劉律師讓爸爸住在家裡，由他親自照顧，無論是陪爸爸去看醫生、做復健，還有替爸爸打理生活大小事，不禁令麗娟敬佩及感動，卻也感到內疚，甚至是罪惡。因為麗娟讓媽媽住在離家有段距離的安養院，而不是親自照顧。相形之下，麗娟彷彿是在逃避侍奉至親的責任，不用面對照顧者與被照顧者之間的各種爭吵及拉扯，就想圖個耳根清靜，簡言之，能落個輕鬆。

她忘不了三年前的某個下午，那是媽媽剛開始出現認知功能退化的時刻，媽媽「不再是她的媽媽」。她陪媽媽去醫院新陳代謝科回診及拿藥。一個轉眼間，媽媽竟然不見了！麗娟以為媽媽只是去上廁所，沒想到都過了看診號碼還不見媽媽的人影。麗娟開始感到不對勁，穿梭在醫院長廊及各區尋找，深怕媽媽出事！沒想到，找到媽媽的當下，媽媽還對她發脾氣，怪她管得太多。麗娟一時氣憤，當場口不擇言，對媽媽脫口而出：「你以為我喜歡陪你來這裡嗎？」話一說出，麗娟就像背著「不孝女」三個大字的罪人一般，頓時感到懊悔不已。

最後怎麼收尾的，她已經不想記起。

後來還有幾次，媽媽連麗娟的名字都忘了，也忘記自己半小時前才剛吃過飯，吵著怎麼都沒有東西吃。讓麗娟更擔心的是，若在麗娟上班時間，媽媽因為外出購物、散步或辦事而走丟了，找不到回家的路，甚至是遇到壞人，該怎麼辦呢？她不放心。因此有了讓媽媽住進安養院，由專人協助及照顧的想法。

麗娟想起和自己年紀相差十歲的好友繡琴，也是在漫漫長照路上一肩扛起照顧爸爸的責任，因此搬回老家。麗娟也曾經掙扎要不要辭職、回家照顧媽媽。但如果因為照顧媽媽而辭職，那待在家裡的數年青春歲月，正是同儕事業往上爬的黃金時段，也是一個人最適合談戀愛、結婚及生小孩的年紀。

「等到我卸下照顧媽媽的重任時，職場上還有我的位子嗎？很有可能回不去了。」「人老珠黃，沒人看得上；想要生小孩，子宮還行嗎？」這些正是當時的麗娟掙扎許久之後，決定將媽媽送去安養院的原因。

然而，送去安養院是一回事，不被外人看見的內疚卻是不曾少過。看到劉律師的文章，又看到好友繡琴事親至孝，不只是兩相對照，還是多方對照，又再次重擊到她這個「不孝女」——是不是太自私了？是不是都只顧自己呢？

準備起床盥洗、趕赴上班的麗娟，臉上籠罩著烏雲。她想著不能住在最熟悉的家、目前隻身一人住在安養院的媽媽。

她的決定真的是正確的嗎？她的想法真的是為了媽媽好，沒有自私的成分嗎？

發現心觀點

拋開成為完人的包袱，做到「夠好」就好

故事中，麗娟對媽媽的一句話「你以為我喜歡陪你來這裡嗎」，縱然讓自己陷入「不孝女」的愧疚及懊悔，其實她更該看見的，是自己壓抑許久的深層需求：在照顧媽媽的過程中，是不是太累了？是不是該找個健康的方式抒發及宣洩了？

在照顧爸媽的路上，我們都無法成為、也無須成為完人及聖人。盡可能給當事者——即接受照顧的爸爸或媽媽——來做決定，也尊重當事者的決定。可以向爸媽說明自己的

考量，包含出於關心的立場而有的做法，還有自己目前的難處，再由爸媽自己決定要不要住在安養院、接受開刀或延命治療，不要過度干涉爸媽做決定的權利及空間。同時，既然經過充分的討論和沙盤推演而做了決定，就不要持續拿自己和外界比較。

要明白，我們已經做到適合當下狀況、當前條件的「夠好」，不用力圖做到這個世界上的最好。

看見自己的深層需求，你必須真正懂得愛自己，在照顧他人的同時，也不輕忽自己的內在感受。

你是不是需要替手，但是不好意思開口？深怕造成其他家人的負擔及麻煩。你是不是忙到沒時間洗頭？去沙龍給人洗頭，也能達到暫時的抒壓，給自己煥然一新的潔淨感受。照顧自己，請記得可以從小事做起。

此外，在溝通的當下，不要害怕說「錯」話，尤其是**表達自己言下之意的真正心聲，也就是自己的內心狀態，而不是隱藏在指責對方、攻擊對方的語言之下**。

如果真的說錯話了，懂得道歉即可。如果用說的方式讓你感到困難，可以找其他更適合的方式傳遞情感及表達想法，例如寫小紙條或卡片。不要被自己的心理防衛所侷限，以為道歉是在示弱，跟對方低頭。也不要低估被照顧者的理解能力——或許**對方一直在等著你親近，而不是疏遠**。

第2章

冷淡逃避無法減輕罪惡感，試著為生命負責

「長年逃避、深陷痛苦掙扎，
失去了生命的自由」

我也不想成為過年的逃兵

每到農曆春節前夕，家家戶戶張燈結綵，接著張貼春聯，一片喜氣歡騰。唯獨哲生怎麼樣都提不起勁，彷彿是個住在台灣的歐美人士，甚至下意識地想要逃避。同事們都在討論這次春節放假十天，這麼難得的長假應該如何安排與計畫，帶全家大小、一家老幼去聚餐、去旅行。

對於在台北工作的哲生來說，回到台中老家跟爸爸多一點的親近，都形同背叛過世的媽媽——那個辛苦照顧他，更是含淚、含怨亦含恨拉拔他長大的媽媽。「你別忘了！你爸爸選擇外面那個狐狸精，不要我也不要你！」媽媽咬牙切齒、聲淚俱下所說過的每一句話，言猶在耳，他從來不曾忘記。

可是爸爸的年紀也越來越大了，連相差三歲、一向跟哲生關係良好的妹妹也提醒他：找時間回家坐坐吧！這是你的家！還有，既然回到老家，至少多待幾天；別老是繃著一張臉，多跟爸爸說幾句話。

這些沉甸甸又不堪回首的過去啊……要哲生怎麼舉重若輕，甚至能談笑風生般地跟旁人提起？尤其，怎麼不招致道德方面的非議？

「沒想到你爸竟然也是這樣的人！」

「你媽媽真是不幸！嫁給了這款人……」

「僥倖（hiau-hing，台語表惋惜之意）喔……你跟你小妹竟然這麼辛苦地長大……」

這些看似同情及憐憫的話語，看似正義及冠冕堂皇的評論，讓哲生打從心底就覺得不舒服，甚至是刺耳、扎心。

哲生第一時間的內心反應多半是：「你們憑什麼來講這些話！你們又對我們家了解多少？」

尤其近年流行起「渣男」二字，若有同事親友用這樣的字眼描述他的爸爸，他這個做兒子的到底是要附和、擊掌叫好？還是立即起而攻之，維護他的爸爸呢？

這一天，哲生拎著公事包準備下班回家，想著要順道開車去接剛從繪畫班下課的女兒。也許年方五歲的女兒小筠，會吵著要吃最近熱門的哈密瓜霜淇淋。

正當哲生想著小女兒，並在嘴角泛起微笑的同時，突然手機傳來震動。哲生拿起手機一看，是妻子透過 line 傳來的訊息：「要訂哪一天的高鐵車票才好呢？」

妻子問的，正是即將到來的過年返鄉日。哲生原本因為想起女兒的好情緒、明亮開朗的腦海，再次暈染上灰黑幽暗的色彩……

也因為心不在焉，哲生開車去才藝班的路程中，不小心與來車發生擦撞，雙方都沒事，只有車子板金微微損傷。哲生只能慶幸，幸好這起車禍不是發生在接到女兒之後，要是嚇壞小筠甚至讓她受傷，可就不好了。

發現心觀點

為自己鋪一條回家的路

你也不想回家嗎？逢年過節，無論是農曆春節、端午節、中秋節……只要能放三天以上的連假，別人是開開心心地準備訂車票回家見爸媽，你卻不一樣。你一想到要返回老家，就開始升起焦慮、頭皮發麻、五味雜陳，陷入了百般掙扎。

故事中，哲生想要隱藏的家庭祕密——爸爸曾出軌外遇、拋家棄子，雖然五年後選擇回歸家庭；媽媽卻因此變得易怒，陷入長年憂鬱及焦慮，最後選擇跳樓輕生——這些事都成為哲生與同事保持有禮卻不親近的真正原因。

因為這些心事，哲生耗費掉不少心力——尤其是專注力。過年返鄉要與爸爸相處，還有這長年壓在他心底的祕密，都大幅地占據他的注意力，甚至直接反映在他因分心而不小心造成的車禍。如同腦神經科學和創傷研究都指出，負面經驗會對大腦發展造成影響，並且會影響到人思考、理解事情，以及行為及情緒的控制（van der Kolk, 2003）。

雖然生命中仍有許多其他的事情可以對人造成正面影響，但早年負面經驗的影響確實不容小覷。

對於許多長年待在外地工作及生活的人來說，過年就代表要回到老家，要面對一年一會的爸爸或媽媽。這不是好事嗎？家人難得相見，親子間能夠團聚，不是高興都來不及嗎？那可不一定。

台灣社會的傳統文化及家人關係中，父子不親，本是常態。即便沒有上述故事中猶如八點檔般的劇情，父子能夠歡喜相聚甚至談心，也是極其罕見的事，彷彿天方夜譚。

再者，許多成年後的「孩子」如同故事中的哲生，每逢過年就會產生一股隱形焦慮。一想到要面對親戚的關心及拷問，尤其是面對爸媽時，愛恨交織的心情，更讓人覺得回去也不是，不回去更不是。他們往往不想回家過年，如果能繼續工作最好——更何況新年期間有加給——甚至安排出國旅遊。總之能閃就閃，能躲就躲。

其實自己何嘗不明白「爸媽年紀大了」、「事情都過去這麼久了」……但是做為子女的你，成長過程中曾經被扎下的心中刺，總是隱隱作痛，也帶來**「預期性」的焦慮**。

「預期性」的焦慮，需要更早看清楚，學會化解及改寫的方式。

許多人就像故事裡的哲生，都有著「知易行難」這個全世界人類的通病！一旦心中懷抱刻板印象的預期，認定爸媽一定會重複過往的互動模式，那麼你就會連事件都還沒發生，就開始活在未來的焦慮裡。卻忘了，你已經長大，可以主動創造新的互動方式主動創造新的互動方式，像是以爸媽的興趣及生活圈做為話題：最近去看了哪些畫展或電影？去爬了哪幾座山？跟其他親友有沒有相聚？又是約在哪裡、聊了哪些新鮮事？尤其，若爸媽有進步，哪怕只是一點點，都要大方地給予肯定。你不再只能被動回應，甚至成為逃兵。

我的逃避，我的生存之道

牆壁上的時鐘指針來到晚上七點整。

美庭等著哲生和女兒小筠回家，等著等著，站在廚房區域的中島旁，她的情緒逐漸有些焦急。平時的哲生，都是六點前就能到家，怎麼今天晚了呢？加上美庭在四點半時傳了簡訊給哲生，難道是因為她在簡訊裡提到要訂車票回台中老家過年的關係？

美庭開始想著哲生與公公的恩怨情仇，他們父子倆之間的心結，她多少心裡有底。但該不會這樣就讓哲生不高興，然後晚回家了吧？到底是什麼事情耽擱了呢？

然而，身為現代女性、明理的老婆，總不能現在一通電話打去，或者又發簡訊追問，這樣未免顯得太緊迫盯人，而且也太神經質了。美庭一邊提醒著自己不要輕舉妄動，一邊進行深呼吸調息。

砰！外頭似乎傳來汽車駛進，還有車門開關的聲音。接著……

「老婆，我回來了。」哲生的聲音從遠而近傳來。

「媽咪！」小筠童稚的聲音，伴隨著可愛的身影現身。哲生父女倆，終於到家了。

「來，先來洗洗手！」美庭心中的大石頭終於落地，原本緊繃及焦急的情緒也瞬間緩解了。她趕緊帶著小筠先到洗手台用洗手乳清潔殺菌；也因為現在正值冬天，美庭一邊教導小筠要調整水溫，在熱水與冷水之間取得適宜的水溫，就能洗得安全又舒適。

哲生也跟著到洗手台旁，一邊洗著手，一邊說著回家途中發生車子擦撞，才導致回家時間延誤。

哇！有驚無險！還好雙方都沒事。只是車子板金需要去車廠維修，明後天再抽空去處理即可。能花錢處理好的，都是小事！

接著父女各自回到房間換掉外出服，也完成了梳洗，讓蓮蓬頭的強力水柱按摩疲勞一整天的身體，也讓水流帶走塵世間的紛紛擾擾；透過淋浴儀式般的過程，讓一個人從緊繃變得放鬆。

享用晚餐的過程中，美庭聽著小筠說著今天在幼兒園發生的事，不外乎是跟誰玩，還有玩了些什麼……啊！今天下午還有畫畫課呢！畫畫是小筠最喜歡的事。小筠總是笑嘻嘻、開開心心地；她圓呼呼、蘋果般的小臉，如同天使一樣。

晚餐結束，哲生陪著小筠在客廳玩耍；睡覺時間到了，最後由哲生唸著故事書，哄小筠進入夢鄉。

美庭看著哲生的背影，真心覺得哲生是個很好的爸爸。

然而，整個晚上哲生都沒有提到簡訊的事。說來感慨，交往以來，甚至是結婚以後，幾乎都是美庭主動提到哲生的爸爸，包含父親節送禮物、邀吃飯，或三不五時致電關心公公的近況，像是颱風登陸時，台中還好嗎？還有出入平安的問候及叮嚀……有時美庭不免心想：「我比哲生更像他們家的一份子。」

回到簡訊，美庭想，也許現在不是再問的好時機。

身為妻子的她，實在是不好過度介入哲生的原生家庭議題。做為媳婦，她也無從得知公公的心路歷程，畢竟這個話題多麼尷尬，也有冒犯長輩的可能性。當然，她也不好意思去跟小姑哲熙打聽，若是自己的態度及方式沒有拿捏好，恐怕就變成了三姑六婆的八卦。

如果哲生目前不想碰觸，就不要勉強他吧！

另一邊的哲生，默默覺得鬆了一口氣。還好妻子沒有再問到回台中老家過年的事。看到爸爸、面對爸爸，終究不是哲生能輕易做到的事。

對於過往那些愛恨交織的生命故事，錯綜複雜的情緒，真希望能隨著時光淡去……

發現心觀點

退後一步，遠觀另一個人難解的家庭議題

一個人可以犯錯嗎？能被容許犯錯嗎？

一個人可以犯下哪些錯，而這些錯是能夠被接受、被原諒的？尤其是犯錯的人充滿悔恨，已經深刻明白自己犯下的錯，也有十足的誠意願意彌補呢？是不是只要犯錯，就是天理不容，從此死路一條呢？

這些問題沒有標準答案。美庭身為旁觀者，對於發生在他人身上的悲劇，能有更多的寬容，也能透過靈性、宗教領

域相關的文章，去獲得部分理解及安慰。

但在面對伴侶的原生家庭議題時，需要留意自己的心態，避免過度介入及過度抽離。過度介入，可能是出於自己內在的焦慮，想要成為孝媳，或完美的妻子；過度抽離，可能是出於自己內在的恐懼，擔心自己對公公的關心如同選邊站，會失去先生的心。

人的心思就像花瓣，盛開就像更多的揭露；含苞如同祕密的隱藏。人與花皆然，成熟的速度都不一樣。即使伴侶有逃避面對的心態，也可以給予時間與空間。

當伴侶心懷愧疚及各種糾結，出現逃避問題的行為；你想要表達關心，又怕自己的好意帶給對方壓力，讓親密關係產生可能的衝突。當你的內心感到左右為難時，可以怎麼梳理心情及安頓自己呢？

首先，請先深呼吸三次，提醒自己「事緩則圓」。退後一步，看見導致自己焦慮的更多原因：有想要照顧對方內心的體貼，也有希望凡事皆能依照自己的計畫、事事完美。然而，所有完美的追求，都可能帶來更高及更多的要求，引發壓力及焦慮。

現代人習慣透過各種社交軟體進行溝通及交代事情，但這些文字是沒有溫度的，記得留意你使用的語助詞，或者在訊息的結尾加個可愛的貼圖，減少對方誤解——錯把你的好心提醒，當成了對他的緊迫盯人及要求——的可能性。

必要時，可以透過小紙條傳達你的想法，手寫文字比較有溫度。

心存希望，秉持耐性，運用巧思。

好厭惡曾經傷人的自己

「你曾經做過什麼如今想來、相當後悔的事嗎？」袁欣聽到這道專訪的題目，一向對答如流的她卻愣住了。

身兼導遊、領隊也是暢銷作家，出版了好幾本日本深度旅遊書的袁欣，一直都是旅遊圈的寵兒。她不只外型漂亮，更是能寫能說，有一大群死忠的粉絲；也不定時會收到節目專訪的邀約，邀請她談旅行、聊日本，分享她的所見所聞。

今天下午是「YO～新聞」的專訪，採訪記者先從她的導遊專業開始切入，袁欣的妙語如珠，讓過程中笑聲不斷。當專訪的題目逐漸帶到袁欣個人的成長歷程及生命故事時，記者突然問到：「你曾經做過什麼如今想來、相當後悔的事嗎？」

袁欣瞬間愣住了。不知道是難以回答，還是其他因素，總之，袁欣頓時陷入了回憶的時光長廊……

袁欣是袁家的第二個女兒。在她出生不久，具有身心障礙狀況的弟弟就出生了，這讓媽媽花了更多的時間及心力在照顧弟弟阿泰上，幾乎可以說是全天候的看顧著。不僅如此，媽媽還要帶著弟弟上醫院進行早療課及復健，鮮少時間能待在家。那個只跟阿泰相差不到一歲半的二女兒袁欣，似乎從那一刻起，就開始落了單。

這讓健康寶寶袁欣從小就感受到，她的存在彷彿是個意外，她彷彿是這個家的過客，在父母心中的分量不會太重。相較於大姊袁歡是袁家下一代的第一個新生兒，還有弟弟袁泰原本就是家族萬眾期盼的男丁，又因為患有身心障礙，需要更多照顧；排在中間、無病無痛、沒有太大問題的老二袁欣，似乎就被爸媽淡忘了。

在她國小的時候，正值夏季的某天下午，袁欣刻意裝了一碗媽媽煮好不久、等著放涼、卻還有一點熱燙的綠豆湯給弟弟吃。一向有肢體動作協調障礙的弟弟阿泰，看著二姐遞過來的綠豆湯，開開心心地正要伸手去拿，就在接手的過程中打翻了。熱燙的綠豆湯立刻灑在阿泰的大腿上。穿著短褲的他，毫無任何衣料阻隔，皮膚立刻就被燙著，他瞬間嚎啕大哭了起來。阿泰這一哭，驚醒了才剛忙完家務、疲累不堪、正在房間午休的媽媽淑婉。

一聽到阿泰的哭聲，媽媽立刻衝到客廳，看到眼前的景象只差沒有崩潰。她趕緊抱起阿泰去浴室沖冷水，接著到附近的皮膚科掛號，接受更完整的處置和治療。等到接近傍晚，媽媽跟阿泰終於回到家，看著蹲坐在客廳角落、哭得梨花帶淚的袁欣，媽媽並沒有對她怒吼，只是輕聲地說：「還好沒有大礙，醫生說只要按時塗抹藥膏，弟弟很快就會好了。」

對於成年後的袁欣來說，當時的這句話似乎比媽媽如果有對她生氣、發飆或嚴厲斥責，更讓她難受。

後來，袁欣總會不斷自問著：「我明明做錯事了！可是卻沒有受到懲罰？」「我故意要整弟弟的，難道媽媽不知道？」「還是媽媽早就放棄我，理都不想理我，就連對我生氣也都懶了？」

幸好，男生的皮膚相對粗厚，阿泰身上並沒有留下明顯可見的疤痕。然而，袁欣對弟弟有了很深的內疚，也在心中不時譴責自己：實在是太壞心、太幼稚了。

啊……袁欣從記憶中回過神來，面對記者的這個問題，要怎麼回答呢？能誠實回答嗎？

發現心觀點

跨越心理防衛，勇敢道歉

故事中年幼的袁欣曾經因為心生妒忌，或者是憤怒不平，因此動手欺負了弟弟。後來她一直擔心會因為自己的行為而被媽媽拋棄。不過這些想法，袁欣從來沒有跟媽媽求證過，當然也不敢求證——這彷彿是在昭告天下：她是凶手。她竟然對弟弟做了這麼殘忍的事！即使在成年後很長的一段時間，對弟弟的愧疚依然壓著她，成為心中的一塊重石。

內疚與良心互為表裡。若是沒有良心及良知，那麼就不會有相應的愧疚、懊悔及罪惡感。然而，對於多數人來說，愧疚、懊悔及罪惡感都會埋藏在內心深處，如同不可告人、不能見光的祕密一般；除了擔心事件曝光有損自尊之外，也擔心會影響外在形象——別人將會怎麼理解？自己會被如何看待？會不會被貼上負面標籤？甚至可能無法為社會所見容、丟失工作機會、影響商業合作、被列為拒絕往來戶等。

更難以被外人所知的、也是更重要的一點則是：愧疚、懊悔及罪惡感不一定會在當下就浮現，可能需要過上好長一段時間才會出現；因為當事者需要跨越自己的心理防衛，也就是能不怕丟臉，內心勇敢地對於生命有了真正深刻的體認，同時也對於自己的心理防衛機制有所覺察，才能坦承那些自己曾經做過、卻相當懊悔的事，而不是停留在表面的「否認」、「合理化」、「抵消」、「反向」等反應。

許多人都是到了臨終前的那一刻，才能夠卸下心理防衛，主動揭露並道歉，讓對方知道自己早已在心中，深深內疚很多年。換言之，往往都是再也沒時間、再也沒機會了，才上演大和解的情節。

然而，我們真的需要等到生命的最後一天嗎？如果猝不及防，連道歉、和解的機會都沒有呢？

能夠自我覺察，都是願意面對自己、對自己的想法、感受及生命故事徹底坦誠的人。關於幫助自己或他人放下心理

防衛的更多說明，可以參考我的另一本著作《心理防衛：壓抑、投射、成癮……我們用傷人傷己的方式保護自己嗎？》

第3章

愛莫能助的愧疚，讓人生凍結在悲傷裡

「罪惡感的信念群，使人困在其中，動彈不得」

夾心餅家人的為難

哲熙正在使用手機上網，瀏覽著各大品牌推出的春節禮盒，有些品牌推出的禮盒澎湃大氣；有些品牌則是小巧精緻。無論如何，送禮真是一門大學問，內容、分量及價格必須恰到好處，方能不造成對方的負擔，也能送到心坎裡。

年節將近，哲熙是開心的。能跟哥哥哲生、嫂嫂美庭團聚，還能見到可愛的姪女小筠，陪她童言童語，玩個沒完、笑個不停。尤其，爸爸長年一個人住在台中，全家能夠聚在一起，爸爸心底一定是很期盼的。

是吧！難道不是嗎？哥哥哲生從高中開始就住在學校宿舍，哲熙則是考上大學後離開台中。面對長年離家在外的兒女，爸爸從來沒有明說自己心中的想法及感受。好多年前，爸爸外遇對家庭造成重創及風風雨雨，讓媽媽陷入憂鬱，最後選擇結束生命。

當時年紀很小的哲熙，其實印象不多。

關於爸爸的真實想法及感受，要怎麼得知呢？要怎麼確定呢？難不成透過心電感應嗎？哲熙想起幾年前，曾經閱讀過這方面的報導。台大前校長李嗣涔博士近年的研究，似乎也是相關的主題。哲熙不自覺地嘆了一口氣，真希望這方面的研究，能有更多突破。

爸爸到底是怎麼想的呢？屬於他的婚姻經驗及外遇故事的版本，又會是什麼呢？

只是，爸爸不可能開口說，尤其是對她這個女兒說。哲熙一邊喝著剛剛手沖好的咖啡——這是最近買的印度風漬咖啡豆馬拉巴爾，這款豆子的香氣格外獨特。

一向看似沉默寡言的爸爸，前陣子突然主動說起，已經過世的爺爺奶奶的事。

哲熙彷彿開竅一般開始觀察到，每次她打電話回家，或者平均每三週回老家探望爸爸時，爸爸都希望有人陪他聊天，聽他再多說個幾句；而不是打完基本招呼後就陷入沉默，接著各做各的事，似乎彼此都很忙，其實是因為無話可講。

當然，她跟爸爸的互動比哥哥哲生好多了。

說到這裡，真是可笑又感傷。相較於哲熙，哥哥哲生是相對逃避面對爸爸的那一個子女。父子之間的互動頻率，連鄰居都比不上；家人之間的相處，還不如面對同事，更能敞開心房。

哲熙想，也許是因為她小了哲生四歲，沒有參與到太多爸爸外遇後，開始對媽媽殘忍、對哥哥冷漠的過程。

反而，在她成長過程的記憶中，盡是媽媽對她控訴著爸爸的惡劣、爸爸的薄情寡義、爸爸的噁心齷齪……這些情緒強烈和極其負面的用詞，讓哲熙跟媽媽相處時，倍感壓力，如坐針氈；彷彿她若沒有選邊站，沒有附和媽媽「爸爸就是壞蛋」的話，她也會是這個家的叛徒。

這不就是「情緒勒索」嗎？哲熙苦笑著想。然而，哲熙心知肚明，她不能這樣對媽媽說，因為媽媽接著就會說：「你書都讀到哪裡去了？竟然是用來忤逆我！」

哲熙不免想問：「既然媽媽待在爸爸的身邊這麼痛苦、這麼屈辱，為什麼不選擇離婚呢？」

尤其，哲熙不知道是不是自己的錯覺，依據她的觀察，幾乎都是女兒在擔任媽媽的情緒出口的角色，兒子相對不多——這難道也是重男輕女的另一個例證嗎？

「有事鍾無豔，無事夏迎春。」媽媽的抱怨和苦水，總是往女兒身上倒，對兒子則是不好意思打擾。當然哲熙家沒有這麼誇張，只是跟姊妹淘聊起各自的母女關係時，總會讓她們找到讓人感慨的共同之處。

雖然媽媽已經不在了，但哲熙希望能幫助爸爸減輕內心的罪惡感及愧疚；也盼望能化解哥哥和爸爸之間的心結。身為女兒及妹妹，家庭議題難解的遺憾與無奈，浮上心頭的無能為力感，不時壓在哲熙的心頭……

發現心觀點

讓自己成為穩定的陪伴

傳統的台灣家庭，父子（女）之間的交談，總是三兩句話就劃下句點；明明是最親近的家人，卻只能停留在話題的表面，沒有辦法繼續深入到彼此的心裡面。

尤其是家人之間存在過往的心結時，總希望別人先開口，等著別人先來跟自己道歉、道愛、道謝甚至是示弱。為什麼主動和好這麼難呢？或許是害怕，如果自己主動開口道歉，對方卻不願意接受，不肯原諒自己；甚至還因此勾起對方的回憶，引發對方的怒火，讓對方有機會來責備自己，那場面該是更尷尬、痛苦吧。

因此，在舒適安穩的台階出現之前，多數人都突破不了自己的心魔，不敢輕舉妄動。

即使如此，**每個人都渴望被瞭解，期盼自己的生命經驗被傾聽；每個人也都希望自己的生命故事，能夠被好好收藏著**。

就像故事中哲生與父親的關係，父子之間的長年疏離，兩個人都無法主動踏出第一步，也讓既是女兒、又是妹妹的哲熙左右為難，成了夾心餅乾。

而哲熙可以怎麼幫助爸爸？又或者，身為夾心餅乾的她，有辦法化解哥哥和爸爸之間的心結嗎？

兩邊都是自己深愛並關心的家人，看著他們彼此的心結，我們都期盼雙方能盡可能地澄清誤解，減少遺憾。

然而，身為家人不只是單純的旁觀者，也有自己的生命課題牽涉在其中。

哲熙當然知道爸爸外遇的不應該，對於所有家人而言，爸爸的行為就是背叛。她也明白媽媽心中遭到的傷害，然而媽媽也把痛楚轉嫁到孩子的身上，讓子女成為自己情緒的宣洩出口，遠遠超過子女的角色所能負荷的。

在哲熙心中，有一部分希望自己是個「好妹妹」、「好女兒」；另一部分，則是哲熙與媽媽之間的母女心結。這些因素及內在動力，可能讓成年後的哲熙也特別想要幫助爸爸——因為爸爸更少涉入情緒勒索的角色，而媽媽是主要照顧者，相處時間多，母女之間的摩擦自然也容易更多。

做為夾心餅乾的你，可以在穩定的陪伴中，用不傷對方自尊的方式旁敲側擊，蒐集對方的生命故事碎片，還有他用來詮釋的觀點；你不一定要用正面突破的方式，來處理對方的逃避及內疚。尤其，要瞭解自己欲助的動力，才不會過度干涉他人及造成自己的內耗。

一封懺悔的信，一場遲來的道歉

爸爸過世了，因為心肌梗塞，走得相當突然。

近一個月裡，哲熙和哥哥哲生忙著處理爸爸的告別式，哲熙感到悵然若失。她坐在台中老家的客廳中，看著桌上仍擺著爸爸最常使用的杯子，還有爸爸最常坐著的沙發，那一瞬間，洶湧而深沉的悲傷狠狠地席捲而上，讓哲熙又一次地體會到：「原來，從此以後我就是沒有爸爸的人了。」眼淚隨之撲簌簌地流下。

哭過半晌，哲熙起身整理爸爸的書櫃，沒想到在置物箱的底層發現一個意想不到的東西——一封不花俏因此也不起眼、已經明顯泛黃的信。

哲熙好奇地打開那封信。她還沒仔細從頭開始看內容，而是先看到了信紙右下角的署名，讓她的雙手忍不住地顫抖，心跳同時也快了起來……

原來，寫下這封信的人，正是當年介入他們的家庭、讓媽媽傷透心的女人，也就是爸爸煒豪的外遇對象。

信件內文如下：

煒豪：

你們好嗎？

回想起五年前我做的事，我好對不起你們，也好恨我自己。前幾天，是孩子的忌日，我也因此到山上走走，輕輕哀悼著我們的孩子。我不時想著，如果沒有進行人工流產手術：如果這個孩子出生的話，現在會是幾歲了？他是男生還是女生？會取什麼名字？又會長什麼樣子？……無論如何，應該是很可愛的孩子吧。

後來的我結婚了，但也離婚了。對象是我的同事，婚姻只維持不到三年。我想這就是我的報應吧！他對我其實很好，可是我總覺得自己很不好，大概是因為我曾經做過很恐怖、很惡毒的事，讓我始終無法對他打開自己的心房。

離婚後我回到楊梅老家，我媽看我時常垂淚，很心疼自己的女兒怎麼會變成這樣。曾經我是這麼開朗，總是喜歡笑，現在卻時常面帶愁容，似乎也活得畏畏縮縮，連好友聚餐都不再去了——去了也是丟臉。多數時間我就待在家中，就連睡覺時整個人都蜷曲了起來……這些都是後來我媽告訴我的。

看來我不只是惡毒的女人、不成熟的情人、失敗的妻子，也是很不孝的女兒。

希望你過得幸福，更希望你的太太能夠原諒我曾經帶給她的傷害。

小琉

哲熙讀完這封信，百感交集，內心的衝擊之大，讓她數度屏住呼吸，淚水差一點又盈滿眼眶。哲熙這才明白，這些都是爸爸不能說的祕密，只能放在心底很多很多年，直到他過世。

哲熙拼湊著媽媽曾經告訴過她的片段——這個跟他們家庭故事有關的重要拼圖——那個長年遺失的一片似乎被找到了。

哲熙想起媽媽曾經憤恨地說道：

「她瘋狂地搜尋我，竭盡所能地想要打探到我的聯繫方式；她不計一切代價地就是想要拆散我和你爸，想要讓我們分開，這樣她才能跟他在一起！」「這個女人真是荒謬！竟然侵門踏戶，堂而皇之地直接打電話給我！說什麼『愛情世界裡，不被愛的才是第三者』。她完全無視於自己的第三者角色，想要證明你爸更喜歡她，只因為他敢冒著已婚身分，頂著明星教授的光環跟她談戀愛！」

哲熙也因此更明白，為什麼媽媽生前會時而鬱鬱寡歡，時而忿恨不平！原來媽媽所言並非空穴來風，更非她出於悲憤而自己杜撰或加油添醋，而是真有其事！

哲熙想到媽媽當年的委屈，還有爸爸長年背負的祕密及罪惡感，讓如今的她悲痛莫名。驀然回首，無人得益。如果她早些發現這封信，是不是能讓爸爸在離開這個世界之前，有機會一吐為快，能夠活得比較寬心呢？

發現心觀點

以積極的行動，化解自責的情緒

戀愛時不只有浪漫和甜蜜，還有隨之而來的占有慾、比較心和嫉妒心，尤其後者讓人失去理智，迷失本性。從爸爸的外遇對象對媽媽說的話，可以發現，人都有選擇性地蒐集證據的傾向，也有心理防衛機制。像是外遇者會理想化婚外情的美好，並合理化自己行為的正當性。在這個過程中，表現於外的，就是對伴侶的指責、挑剔及批評，有些指責甚至是指鹿為馬，會無中生有地揑造情境：是伴侶先對不起自己，所以自己外遇變心是合情合理。

然而，一旦後來良心覺醒，就會看到自己當初對伴侶的惡言惡行是多麼糟糕與惡質。尤其若伴侶後來陷入憂鬱，甚至出現傷害自己的情形，罪惡感就會湧現，因為他自己就是罪魁禍首，一切的肇因。

有些外遇者並非從此就過著濃情蜜意、一帆風順的生活，而是在往後的人生受盡無形罪惡感的折磨。

人的心中一旦有了罪惡感，就會激發一連串的信念——這些信念往往不是單一信念，而是信念群。罪惡感所激發的相關信念，包含了：自己應當受到懲罰；自己必然不幸；自己必須用一生贖罪……。與罪惡感相關的負面想法，會牢牢地黏在一起，讓人困在其中，動彈不得。

在故事中，有內疚感的不只是外遇者，還有女兒哲熙。哲熙自認太晚理解到爸爸埋藏心中的祕密、讓爸爸背負著罪惡感及愧疚離世而產生自責。但這並不是哲熙的錯，只是時機太晚了。

為了讓心靈有所成長，而非停滯不前，我們可以嘗試**推動自責的情緒**，而不是停留及深陷在自責裡頭。情緒就是能量，而能量的出口就是行動。當你感到自責時，也會有相應的行動念頭，例如當初應該親自致電道歉，那麼現在能不能就來做呢？而不是停在原地，陷在批評自己、只能懊悔一生的念頭中。無論是故事中的第三者，還是受到影響的下一代，但凡有罪惡感、自責情緒的人，都可以去梳理這一整個信念群。做到並不難，只要願意開始面對自己。

此外，跟仍然在世的家人約定時間，彼此敞開心胸，好好地談一談，梳理及整頓家族歷史及家庭故事，找出正面的意義。

無須繼續斥責自己，而是更積極地行動，可以是化為助人的力量，或是持續鬆綁自己力有未逮的心結。

孩子，對不起。我把你生壞了

淑婉打開前門，迎接每週一下午四點都會到府服務的長照物理治療師。同樣在家的，還有她那已經三十七歲、正值青壯年的小兒子。他長年都在家，不像多數同年齡層的人，這個時間點應該是在上班、在外面為事業打拚；若不是到處拜訪客戶，至少也是待在公司。

剛進門的治療師，就是來為自己中重度身心障礙的兒子進行物理治療。

時光快轉回三十九年前。淑婉當時生下第二個孩子欣欣，做媽媽的她當然很開心，無論是老大歡歡還是老二欣欣，都是自己的掌上明珠。只是在台灣社會裡，不孝有三，無後為大，哪個長輩及家族不期盼著家裡添丁？所以欣欣不到周歲，淑婉又懷孕了，而且還是男孩，整個家族洋溢著喜氣！

家人在淑婉的孕期中對她呵護備至；該喝的補品和雞湯沒有少過，該留心注意的民間禁忌也都特別小心留意，無論是沒到三個月不能公開、不可以搬家、不能隨意移動家中擺設、不可以釘釘子，甚至不能吃杏仁、薏仁、螃蟹等性寒性涼的食物，避免可能導致流產……

但是，怎麼生出來的孩子會臍帶繞頸，並且合併多重障礙呢？晴天霹靂，五雷轟頂！淑婉和袁齊不敢置信，夫妻倆期盼了這麼久的兒子，竟然是有重度殘缺的孩子！

淑婉從兒子阿泰很小的時候，就開始安排及進行早療課及復健，並投入長時間手把手地教育阿泰。但阿泰能寫好的頂多就是自己的名字，更別說寫出基本又簡短的文章。淑婉也曾經嚴格地管教阿泰，像是如果飯匙拿不穩，讓飯粒、湯汁灑落桌面，就取消點心時間。阿泰當然是不滿意，生氣地大哭大鬧。

別家母子在為了升學成績、要讀建中還是附中吵得不可開交，淑婉巴望自己的兒子能有最基本的聽、說、讀、寫能力，恐怕都是異想天開、不切實際。有時，淑婉甚至湧現想跟其他正常家庭交換人生的心情，不過事後都讓淑婉感到罪過及愧疚。

怎麼自己會有這樣的念頭呢？怎麼會嫌棄自己的孩子呢？再怎麼說，阿泰是她辛苦懷胎九個月才生下的，而且中重度身心障礙又不是阿泰的錯，不是他造成的，更不是他願意的。只是，有時看著已經快要四十歲的兒子，吃飯還會吃到飯粒掉滿桌；沒有買到他想要的上衣，或者是買回來的東西不符期待時，阿泰就會哭鬧，像個長不大的孩子，這些更是讓淑婉感到折騰、勞累還有心酸。

夜深人靜時，淑婉總會忍不住想著：如果我當年更注意一些，產檢做得更仔細一些，是不是就不會讓兒子變得畸形、有智能不足的問題……每思及此，淑婉就是一陣痛心，滿滿的內疚及自責：一定是我當初在孕期的哪個環節有了疏失，才會導致兒子有這樣的問題，連簡單的自我照顧及打理能力都做不到。

所以，都快七十歲的淑婉，努力地維持自己的健康，就是打算用往後的一生來看顧阿泰。同輩退休的朋友們，到處遊山玩水，不然就是在家含飴弄孫、享清福；不像她過了這麼多年，還是沒辦法從「媽媽」這個角色，更大比例地退下來，開始為自己而活。淑婉總是待在第一線，為兒子的一切辛勞及奔波。

總之，能夠照顧兒子到何時，就到何時：就算自己會先走，也要為兒子的往後做好準備及規畫；必須要找到能信任的機構來接手，照顧阿泰到更長遠的以後。

發現心觀點

停止為自己定罪，放下罪惡感

天下父母無不盼望孩子健康。甚至也可以說，孩子能夠健康平安地長大，就是大多數父母看似平凡、卻也是最溫暖的期待。

然而，若是不可得呢？當孩子各方面的狀況不如預期，也會讓父母（尤其是在生育過程中，占有舉足輕重地位的母親角色）感到內疚及自責。因為多數人都習慣往前找問題，透過對過去的回溯，企圖來解釋何以至此，例如故事中的淑婉覺得因為自己在孕期有疏失，才會生下有中重度障礙的孩子。

然而，我們不要忘了：相似的孕程，同樣的用心，不一定會有相同的結果，這樣的案例所在多有。人總是喜歡對過去的自己定罪，找到符合自己的信念——我就是不夠仔細的媽媽、我就是哪裡做錯了——的蛛絲馬跡，看起來似真似假、若實若虛的「證據」，去支持自己確實有罪，讓罪惡感從此扎根，並盤根錯節，持續蔓延。

然而，我們都要學著將罪惡感鬆綁，不再將自己定罪。放下罪惡感，你也能給予孩子更豐沛，卻不沉重的愛。試著明白，每個生命都有不同的考驗及挑戰，放下罪惡感，才是對孩子，也對自己有益的長遠做法。

不少有著相似生命經歷的個案及朋友，都是能做到「接受」現況，同時積極地投入、推廣身心障礙兒的教育及各種活動。曾經的罪惡感及自責，成為了關懷社會及大眾的社會運動。

對不起一直麻煩你，我好沒用！

阿泰的世界，真的很簡單。

比起多數人的一生，患有中重度身心障礙的阿泰，因為出生時有臍帶繞頸的情形，胸腔受到壓迫，還合併智能不足等複合性問題，所以他無法「正常」上學；後來，也無法「正常」上班。多數時間就是待在家裡。

已經三十七歲的他，最喜歡做的事就是吃東西，他有自己的飲食喜好，如果不是表皮煎得「赤赤」、同時內餡飽滿多汁的水煎包，他不會愛吃；麥芽牛奶則是超商盒裝的才喜歡。除了吃，阿泰還喜歡看電視。他定時收看的節目，就是晚上八點T台的家庭連續劇，裡面的劇情和人物對白，總是特別吸引阿泰；在下午重播時段，他還會繼續收看。每天像是按表操課，不會有太太的變動。

圍繞著阿泰的，都是家人；沒有什麼朋友，更遑論學生時期的同學們畢業後還會保持聯絡。平時都有媽媽淑婉看顧著，若是媽媽到教會唱詩班，也會將阿泰帶在身邊，不會讓他一個人長時間在家待著；偶爾，也有爸爸當替手，帶著阿泰到公園走走，當做運動。

今天，阿泰聽到門把的轉動聲，隨即起身，想要走向大門；臉上開開心心地，行走路線卻歪歪斜斜地，在玄關之處，幫爸爸拿好拖鞋。

袁齊一進門，看到那個永遠也不會長大的兒子，就這樣歡迎他回家，心中真是百感交集、五味雜陳。他心裡想著：「如果我的兒子跟別人一樣正常，這個光景恐怕也輪不到自己吧？」

袁齊一邊穿上室內拖鞋，一邊將剛剛買好的水煎包及麥芽牛奶遞給阿泰，叮囑他記得拿盤子裝好，趁熱吃。阿泰欣喜地接過，走向飯廳的同時也洗好手，高興地準備享用。

袁齊先到臥室換上寬鬆的居家服，果然舒服多了！身體上的緊繃感也跟著卸下。正當他走回客廳時，竟然看到坐在飯桌旁的阿泰在哭！

原來，阿泰把醬油打翻了。黑褐色的醬油就這樣沿著桌緣灑落一地。

身為爸爸的袁齊不禁面露苦笑。他趨身向前，仔細端看阿泰身處的周圍——嗯！醬油只是打翻，但醬油瓶並沒有破裂，沒有玻璃碎片。一如既往，原本井然有序的居家環境，總會因為身心障礙孩子的肢體動作不協調，不定時地變得凌亂。身為父母，不只是要訓練孩子能夠自理，當然也要加入收拾殘局的行列。

「沒事就好。」袁齊一邊安撫阿泰，一邊去拿廚房紙巾，先將地板上的醬油汁擦起來，避免踩到；接著再用沾有清潔劑的抹布擦拭一遍，去掉油漬；第三次則用清水帶過，避免清潔劑的殘留，讓阿泰有滑倒的風險。

身為主事者的阿泰當然很挫敗，也覺得很煩。他氣自己的手腳怎麼這麼笨拙；氣自己的表達能力很差，不像大姐袁歡、二姐袁欣能清楚俐落地將自己的需求、想法及感受，用說話的方式表達出來；更氣自己幫不上忙，只能在旁邊看。因為同樣一件事，自己要花上更長的時間來處理，速度相對緩慢；也因此對共同生活、總是代勞的家人更加內疚，對於自己也有更多的無力感。

阿泰的人生沒有目標。或許他的生命任務及意義，是繼續活著，讓重要關係人，即照顧者學會付出愛。

發現心觀點

看似笨拙的道歉，也能讓對方感受到

每個人都有各自的「困難」，對於特殊兒童與特殊成人而言，更是如此；如果能到庇護性機構工作，能進行的也是相對簡易的工作，不能是有相當難度、人際情境複雜或容易引發挫折的工作內容。

尤其，像阿泰這樣中重度身心障礙的成人，從事正常工作是有困難的。幸好，他的家庭環境和經濟條件許可，是一種「情非得已」的茶來伸手、飯來張口。

即使阿泰的年紀已經不小了，但成長的只有生理年齡——他就像小孩的靈魂裝在成年人的、甚至是將來的老年人的軀體裡。

阿泰不像同年齡層的成年人，有完善的生活自理能力、精確的表達能力及情緒調適能力。遇到挫折往往都是蓄積怒氣，然後就氣到哭泣，像年幼的孩子一樣。

除了身心障礙兒的媽媽，新手媽媽也是力有未逮的族群。

第一次當媽媽，對於新生兒的各種狀況容易感到慌張，深怕自己做不到教養書中的建議和處理。因此，新手媽媽們時常感到焦慮及灰心。

面對能力有所不及，甚至造成他人不便及負擔的情況，人往往會產生內疚感。

這份內疚，正來自於同理心——同理到對方感到的不便和不舒適，都是自己造成的。連帶著的，還有自我形象差、覺得自己很沒用、怎麼一點小事都做不好、無能感……的議題。

為了減輕自己的內疚，就會想要對他人表達歉意，但多數人的困難之一就是「感到尷尬」。所以人總是透過相當間接的方式，例如買對方喜歡吃的東西，或者是開車接送對方，而不是直接開口說出來，來處理心中的內疚。

更甚者，還會**透過各種心理防衛機制，讓自己迴避掉尷尬的場面**，包含「否定」自己想要道歉的真實感受；「合理化」對方一定不會接受、那我又何必開口而「壓抑」的深層需求；或是如阿泰的例子，預設想道歉的對象可能會聽不懂自己表達的內容，需要反覆地說明，甚至換個方式來說。

然而，即使聽不懂，真摯的情感及愛的能量，「看似」聽不懂的對方也都感受得到。

可惜，多數人可能因為溝通過程中的挫折，所以提早放棄了。提早放棄自己的示好，提早放棄可能帶來互相理解及諒解的行動。

然而，正是積沙成塔的過程，才能讓對方逐漸明白，也真正減輕自己的內疚，彼此釋懷。

第4章

當恐懼成為壓垮自己的一根稻草

「害怕做錯事被揭露的恐懼，
會無法允許自己享受當下」

不堪回首的往事，被祕密困住的人生

慢慢地，對於各種聚會邀約，煒豪一律迴避，不敢出席。他怎麼敢參加呢？如果朋友、同事、同學問起孩子和妻子，他要怎麼回答呢？

多數人都有一個習慣——因為太久沒聯絡，沒有時時更新彼此的近況，因此主動將對方的狀態定格在久遠之前的畫面，不外乎：老同學還活著；前同事還在前公司上班；老張的婚姻還好好的；小徐的感情還沒完蛋⋯⋯。所以開口問候近況的第一句話，時常會是「哪壺不開提哪壺」！對方不知情地好意問候，卻在無意中成了最鋒利的刀、最尖銳的針，狠狠地劈過來，硬生生地刺下去！

說來感慨。煒豪跟妻子是大學班對，小倆口交往四年，加上他那個時代當兵需要三年，兩人等到他退伍、交往七年後，決定先成家、再立業。結婚後，他一邊工作，一邊繼續讀研究所。正因為有妻子操持家務、照顧小孩，他才能夠同步進行學業及工作，沒有後顧之憂。

煒豪陷入時光的長廊。回憶裡，當時信誓旦旦，對妻子承諾著彼此要攜手打造一個幸福美滿的家，如今卻成了可笑又荒涼的笑話！

他對婚姻的不忠、對妻子的背叛、對年幼的一雙兒女曾經如此無情及冷淡……這些事實日日夜夜提醒著：「黃煒豪！原來你是如此地禽獸不如！黃煒豪！原來你是多麼地忘恩負義！」

煒豪為自己做過的這些事，深深地感到羞恥。這些無法對人透露的祕密，如同道德十字架般地沉重負載，也成為了日後壓垮他的恐懼。

可想而知，親友若是得知自己離婚的真正原因，其實正是他外遇，親友的反應肯定會是：「自找的，活該！」即便他們不明說，難道心底不是這麼想的嗎？

這些煒豪亟欲深埋在心底的祕密，也進一步成為侷限他生命範圍的真正原因：讓他無法繼續維持原有的人際關係，更無法敞開自己，不敢參與更多活動。

煒豪的羞恥與恐懼，無人可以傾吐，沒人可以分擔，只能鬱積在心裡，變成慢性焦慮及失眠的問題。

除了深覺對不起妻子，面對一雙兒女，煒豪也不敢主動對他們提及內心的愧疚。尤其身為「爸爸」的權威讓他怎麼樣也拉不下臉，對兒女訴說這些心事！雙方似乎註定在長年沉默中，在互相誤解中，度過漫長、痛苦又沉重的一生。

煒豪記得曾在某本書上讀到一段話，大意是：人們常為了避免微不足道的尷尬，而付出昂貴的代價。這讓他不自覺地苦笑了起來。

婚姻出軌，背叛妻子和家庭，可不是微不足道的尷尬……煒豪心想。

發現心觀點

穿越恐懼，重拾人生

曾經犯過錯或曾經傷害他人而感到內疚的人，他們的內心世界及心路歷程會是怎麼樣呢？內疚者不僅會放大自己的過失，更會放大外界對於自己的評價，以為全世界的人都在關注他，也指責著他。

也因此，內疚的人會開始變得迴避社交活動，深怕被關心，或是被問到那些難以啟齒的滾燙話題。其實是問者無心，聽者有意。

尤其像故事中，煒豪和妻子兩人的交友圈重疊，當事人煒豪更害怕祕密被洩露，所以不敢和其他人持續密切地往來，深怕一次出席見面，就讓醜事傳開。久而久之，不但影響到正常人際交往，長期累積的負面情緒及憂思，也會讓心理狀態影響到生理健康，開始出現慢性焦慮、憂鬱及失眠等問題。

因為做錯事而害怕被發現，心生恐懼，無法過上正常的人生。想要穿越恐懼，可以借鏡有過相似經驗的人，從他們的經歷中找出適合自己的做法。

此外，真誠地、積極地彌補受傷的當事者、受到影響的相關人等，取得他們的諒解；甚至當自己走出來後，幫助有過相似經驗的人。

迎向光明的人生，始終來自積極的作為。

我也不願意這麼懦弱

袁齊任職於C大醫學院，目前是副教授，主持分子細胞研究室。慕名而來，主動想要跟著他學習的碩博班研究生就好幾位。比起其他教授同事，無論是在學術圈，還是在校園內，他都顯得炙手可熱；然而平時的他，卻又低調行事，對於家中的事甚少提及，讓外人看得撲朔迷離。

尤其是被問到家庭，袁齊總是想要快速結束交談、離開現場；認真說來，也是逃脫可以預期的尷尬、難堪及困窘。

為什麼呢？

袁齊承認，自己不像有些人，能夠大方公開並揭露家中有個孩子——也就是自己的——是「智障兒」。這個帶有明顯貶意的用詞，也是多數人所通用的，不是嗎？有多少人能說得相對中性，去維護及照顧他們做為父母的人，心中沒有盡頭的絕望和悲慘呢？

還記得兒子阿泰小學四年級的時候，學校在阿泰的聯絡簿附上了紙本說明，提醒家長記得到校參加特殊教育會議。袁齊當時找了各種理由藉故無法出席，即使特教老師親自打電話通知及委婉說明，他也覺得難以接受，甚至還一度動念，乾脆讓外傭出席吧！那陣子因為家中長輩年紀大了，加上需要洗腎，有長照的需求，因此申請了外籍看護協助打理，或許這件事也能請外傭代勞。

結果，後來的特殊教育會議或家長會，都是由妻子出席。他從來沒有現身過一次。

他一個大男人，而且還是名校大學教授，好不容易迎來盼望多時的兒子，卻有著中重度身心障礙！他真的難以承受，彷彿是生命中的一塊汙漬。

袁齊看著別人家的孩子，無論男女，都會如同教養書中所述，一瞑大一吋；不只會長高長壯，還會越來越成熟，能跟爸爸談天論地、聊車聊政治，甚至還能夠一起打球……這些都是夢！都是太過美好而不切實際的夢！他的心中只有絕望及酸楚，他的兒子是「不會長大」的！也「不會長好」的！這些是不可逆的情況。孩子並不會隨著持續學習、投入教育甚至是找到名師，就能變得正常，有本質的翻轉。

這種盼不到天亮、看不見希望的悲涼，可能只有有相同處境的父母，才能夠真正設身處地，並深切體會吧！

虧他的專業領域，還是分子細胞！這更是狠狠打了他的臉。他回顧和妻子淑婉各自的家族史，並沒有明顯的遺傳基因——難道是突變嗎？或者都是隱性的？

許多研究報告都是間接推測，也是事後諸葛。等到日後有更新的發現，早年被眾人奉為圭臬的理論就被推翻了。重點是，對於真正面對難題、身處困境的家長們，有什麼實質的幫助嗎？又能如何呢？

想著想著，就快到家了。抵達家門前，也繞去濟南路一下好了。巷弄內賣的水煎包，還有超商買得到的麥芽牛奶，都是阿泰喜歡吃的。袁齊能做的，大概就只有這些吧！

發現心觀點

越逃避，越愧疚

身為大學教授的袁齊，不想也不敢承認自己有一個身心障礙的兒子。無論是逃避參加特殊教育會議，還是不想對外提及阿泰，都象徵了**對兒子的遺棄**。尤其，對重要親人的遺棄，在我們的社會及文化中，更是千夫所指，難以見容。因此，袁齊心中的負罪及內疚感，就像烙印般，不時地在他的心底深處發燙。

一方面，多年持續沉甸甸地壓在袁齊心上的指責，**是他自己給的**：你身為爸爸，怎麼會這麼懦弱呢？兒子不也是你的嗎？你怎麼就做不到呢？身為媽媽的妻子淑婉，實在是有勇氣多了，比他這麼一個大男人，有肩膀多了！

袁齊的想法裡，涉及了社會對父愛、母愛的期待及道德壓力。每個人都在不知不覺中，對於為人父母者，產生他／她已經成熟，以及能夠負責的隱形期許和想像：身為爸爸、媽媽，就必須對孩子很有愛，能夠無條件地付出並勇於承擔。

然而，許多人都是在「實際成為」爸媽了，才「開始學習」如何當爸媽。也許曾經做錯了，也許曾經逃避養兒育女的責任，也許會不敢面對孩子不完美的那一面。

越內疚，越逃避；越逃避，越內疚，逃避與內疚的關係不只是惡性循環，也會讓沉重、負累般的內疚感程度持續地提升。

但能不能把愧疚化為更積極、富有建設性的行動？不只是為了消除及減輕心中的負罪，療癒自己的內疚；也是把握時間，讓重要關係人明白，自己的逃避不是出於冷血、無情及漠然，而是內心的懦弱及惶恐，讓自己逃避及退縮。

每一刻都是修正的機會，都能減緩誤解和敵意的蔓延。如同上述故事的最後，袁齊特地去買兒子喜歡吃的東西回家，便是一個看似微小但深具誠意及善意的行動。

如果當初死掉的人是我

「高雄西子灣驚傳憾事！十七歲少年當場溺斃，搶救無效，回天乏術。」斗大的新聞標題，讓人觸目驚心，也讓身為家屬的佳馨，揪心不已……

新聞裡的十七歲少年，正是佳馨的哥哥佳祥。其實，這已經是「六年前」的新聞，也不再是新聞了。那段時間陳家染上悲劇的色彩，所有人都陷入愁雲慘霧；對佳馨的爸媽而言，更有白髮人送黑髮人的哀傷和心酸——怎麼兒子興高采烈、歡欣雀躍地去參加畢業旅行，一個轉身，就再也沒有回來了呢？

佳馨跟哥哥相差三歲，當年只是十四歲的國中女生。她原本是個品學兼優、師長稱讚的少女，自從哥哥過世後，開始變得很叛逆，不但學抽菸，還在身上刺青，也不時翹課。這讓遭遇喪子之痛的媽媽，管教方式變得嚴格，母女倆也經常產生激烈的口角與衝突。當佳馨升上大學、到外地就學後，母女之間的衝突趨緩——畢竟佳馨不住在家裡了。取而代之的，是一種無形的疏遠及隔閡。

多數時間，佳馨都讓自己很忙很忙，要忙課業不說，還身兼兩份打工——一份是國中生的英文家教，另一份在系辦公室，還有參加戲劇社。她逐漸恢復成那個品學兼優的「她」，必修及選修課的期末成績都在八十五分以上。也因為人緣好、各方面表現傑出，佳馨也被拱著當下一屆的系學會會長和戲劇社社長，雖然她本人並沒有意願。

她總是想用這些忙碌的活動及行程把時間填滿，好讓她在就讀大學期間的中秋節、端午節……都沒有回家的機會，只有農曆春節才回到台北的家，見到爸媽。佳馨隱隱約約明白自己不想說出來的、自己不是很想要回家的原因：那是一個從此四人座位、總有一個缺席的畫面；這個家裡再也沒有笑聲了，再也不像以前一樣朝氣蓬勃，而是死氣沉沉，如同槁木死灰。

怎麼笑得出來呢？根本笑不出來。夜深人靜時，所有人都進入香甜夢境時，別人看不見的、屬於佳馨的眼淚，裡面有著對於早逝哥哥的思念，還有說不上來的內疚。

「如果一定要有一個人死掉，乾脆是我好了！」佳馨有時會閃過這樣的念頭，應該要讓她代替哥哥才是。這樣的話，爸媽的悲傷是不是就不會那麼久？如果當初死掉的人是我，媽媽是不是就不會這麼難過？

當然，這些不時在佳馨腦中流竄的念頭，她不曾對好友說過，因為這些念頭和情緒是多麼地灰暗又沉重。少女們關心、想要討論的，多半是偶像及戀愛，誰想聽這種觸霉頭的心事呢？更何況，也只是徒增別人的心理負擔。

媽媽也不知道。因為後來的她們——也就是現在——母女倆很少能好好地對話，更遑論真誠坦露各自的想法。

怎麼人生這麼無常呢？原來「無常」二字，再真切、再實際不過了……

發現心觀點

看見當下的自己，值得活著、擁有快樂

佳馨的內心深處，那份怎麼清理也清理不掉的深沉悲傷，就像一個關不掉的水龍頭，有時候水流弱一點；有時候水流又很湍急，彷彿強勁的水柱……

每一個笑聲，每一個快樂，都彷彿是對死者的褻瀆，對死者的不在乎，好像是在說：「我們已經忘記你了、你不再重要了。」這些都讓佳馨感到負罪、愧疚及自責。不僅如此，身為女兒的她，也會不自覺地將自己和哥哥比較，秤一秤各自在爸媽心中的重量。她認為爸媽很看重哥哥，不

知道因為是兒子還是家裡第一個孩子的緣故。所謂「老大照書養，老二照豬養」，爸媽對於家中第一個新生兒的用心程度往往最高，投入的心力也最多，對照起往後生命殞落帶來的失落，往往也更痛，因為失去了更多。

因此，佳馨的痛苦融合了爸媽的感受、爸媽曾經有的美好期望及想像；而後來的種種痛苦，在佳馨心中形成了更大的內疚及自責，還有對自己的不原諒、不寬恕。

當代知名心靈大師艾克哈特．托勒（Eckhart Tolle）在其著作《當下的力量》提到：內疚、後悔、怨尤、哀傷、難過、痛苦，都是不同形式的「不寬恕」（nonforgiveness）。

這些不寬恕的對象，不見得是他者（對方）。更多時候，是無法寬恕自己。對於已逝親人的愧疚，常常會有無邊的想像及自責；常見的想像內容之一，就是「如果當初死掉的人是我，而不是他」，也就是將自己代入對方的角色及情況。

這裡面也隱含了生命的價值感議題。將自己跟另一個人比較，反映了對於自身價值的不夠信任，也就是將自己的生命價值，寄託和取決於別人對待自己的態度，如同故事中佳馨認為爸媽更看重哥哥。然而，這「百分之百」就是媽媽的想法嗎？有沒有自己的盲點？佳馨是否因為社會文化的約定成俗，沒有覺察到自己先入為主、戴上傳統習俗的鏡片，認定父母必定重男輕女，**過濾掉不符合自己信念的**

雙親行為，也影響了爸媽對待自己的行為表現？

換言之，**自己當前的視野，還看不到更大的範圍**。

另外一種形式，是無法寬恕目前仍然好好活著、還能大口呼吸、恣意享受大好人生的自己。懷抱著內心的失落，還有對自己的無形譴責，如同看不到的沉重枷鎖，讓一個人無法充分地活在當下，無法澈底全然地感受當下的一切經歷，更**無法允許自己享受當下的快樂**。

解鈴還須繫鈴人。能看清自己對於已逝親人的思念及愧疚，從無邊的想像及自責中，看見當下的自己，值得活著，更值得擁有快樂，從不寬恕自己的枷鎖中掙脫。

無法復原的人生

她的兒子再也不可能回來了。

禹芳繼續打起精神，快速地瀏覽下午的課程大綱及上午的學員提問，為接下來的工作行程做準備。她是知名企業講師，口條清晰流利，專業知識無庸置疑，深受許多公司的人資部門信賴，還有企業員工喜愛。

她的眉間，似乎已無當年遭遇重創的悲傷與狼狽。殊不知，只有她一個人待在講師休息室時，或者結束一整天的忙碌行程，回到家、洗好澡、卸好妝了，她才能夠沒有防衛地、無須掩飾地、再次升起對兒子佳祥的思念。因為，很有可能會再次流淚……

禹芳手機裡的照片、電腦裡的影片，收藏了兒子佳祥、女兒佳馨成長各階段的畫面。從皺巴巴的嬰兒，到逐漸長肉、圓滾滾的可愛娃兒；到後來能站、能跑、能跳，可以自己去上學、完成功課的小朋友；再到擁有自己獨立的意見及想法，有時還會跟父母頂撞，不再倚賴他人照料的青少年……

時間過得好快，六年就這麼過了。不，是二十三年就這麼過了。

如果佳祥還活著，他已經二十三歲了，現在應該也是一名上班族、某間企業的員工；搞不好還有可能會在某次企業內部訓練的場合，坐在台下聽媽媽上課。

可惜，這些都是不可能發生的。因為佳祥的生命，就在他十七歲那一年，被硬生生地中斷了。

禹芳收藏這些照片，原本想的是，佳祥以後結婚時，可以做為他的成長影片，播放給賓客觀賞；她也能再一次回顧孩子的珍貴成長過程。如今，這些珍藏卻變成是在告別式播放。叫她如何不哀傷呢？

佳祥如果還好好地活著，會長得什麼樣？會有高度近視嗎？會對哪些領域及項目產生興趣呢？會想要做什麼工作呢？會不會交女朋友還是男朋友？如果有了喜歡的對象，會不會帶回家給媽媽認識呢？

禹芳暫時沉浸在「佳祥還活著」的另一個平行時空——他只是去了一個很遙遠的地方，母子倆只是好久沒有聯絡……

禹芳不時會想：如果我當初阻止佳祥參加畢業旅行就好了。如果當初有多叮嚀他、多交代他一句：小心安全。又或者，有幫他安太歲、去行天宮幫他求個平安符，應該就能躲避災禍、化劫消災，應該就不會出事吧……

甚至也會回想起當天，佳祥因為前一晚才匆匆忙忙地打包畢業旅行要過夜的行李，晚睡了也晚起床了，耽擱到吃早餐的時間；禹芳要他將三明治帶去學校吃，佳祥卻覺得在家吃就可以，並不差這一時半刻；然而，對於禹芳來說，不能遲到就是鐵律，母子倆還為此有些小小的摩擦及不快。

為什麼我跟佳祥最後的對話，竟然會是這種絲毫都不重要的爭執？起司蔬菜蛋三明治在家吃還是帶去學校吃，有什麼好吵的？都好不是嗎？

啊……多麼希望在他出門前，能給他一個深深的、緊緊的擁抱……

即使當時並不知道，這會是今生訣別，最後一次的擁抱……

發現心觀點

即使不能失而復得，也能與珍貴意義共存

面對已逝親人的傷痛還有相關的內疚，常見的主題大宗，就是「**如果我當初……**」。由此主線所延伸出的許多支線，包含了：如果我當初有做些什麼、能多做些什麼，或者不做些什麼，是不是就能改寫事件的發展。如同夜深人靜時禹芳總會想著：如果自己當初還有多做些什麼，兒子的悲劇是不是就能避免？白髮人送黑髮人的傷痛是不是就能逆轉……

這裡還包含著**過度檢討及放大細節**。故事中，禹芳和兒子

離別前，為了早餐要帶去學校吃還是在家吃而起了爭執，其實這些都是尋常的生活事件，無可厚非。但因為禹芳無法接受痛苦的事實，就會過度檢討過去發生的事件，認為自己當初應該可以做得更好一點；同時放大生活中的細節，認為自己不應該與當事人起爭執。

每一次沉湎過去，都有可能再一次陷入內疚、自責及懊悔情緒當中。不是不能想念過去，而是要看見那些內疚帶來的作用：對自己長年地譴責，讓無形的負罪感更重，也等於是持續地掀開傷口。

內心脆弱時，可以適度借助靈性探索及信仰的力量；只是要留意，別讓自己出於傷痛修復的需求，反倒掉入有心人士以療癒為號召的陷阱，要避免不小心成為特定組織剝削、寄生及詐騙的肥羊。

光靠理性不足以撫平心中的傷痛，我們都需要對生命的本質，有更深刻的瞭解。不只是學習與悲傷共存，而是與**親人活過的生命足跡，還有他帶給自己的珍貴意義共存**。

以上述故事為例。孩子的出生及往後十幾年的親子相處過程，教會你什麼？讓你能領會到，在成為母親之前，無法體會到的美好及喜悅；孩子有沒有幫助你更加瞭解自己——那些成為爸媽後，進而開發及探索到的、先前並不知道的潛能。

把那些與親人共度的美好時光及意義，化為照顧好自己，甚至是幫助有相似經驗的族群，能夠從哀痛逾恆挺過來的力量。

第5章

對完美無瑕的欲望，是對人性近乎聖潔的苛求

「內疚會帶來對自己和當事人的苛求，
造成對人性不切實際的期待」

多年過去，但心裡就是過不去

一如既往。

跟往年農曆春節一樣，哲生難得回到台中老家，卻彷彿國際巨星般快閃，真正待在家中的時間沒有幾天；因為要參加同學會，還要去嘉義拜訪提拔過自己的前主管，至少又是半天的車程。

哲生帶著太太美庭、女兒小筠從高鐵烏日站抵達老家，手邊除了過夜用的行李外，還有送人的禮盒，包含了美庭提早預訂好、要送給公公的補品；要送給小姑哲熙的台北知名老字號的精緻糕餅；還有為了哲生高中同學會而準備的見面禮。美庭一向貼心，知道哲生的好友不多，因此能長年保持聯絡的昔日同窗，自然也是美庭相當重視的。

果不其然，父子睽違將近兩年沒見，氣氛仍是瞬間凝結，滿是尷尬。倒是小筠等不及哲生或美庭開口，一聲熱情的「阿公——」瞬間融化了煒豪與哲生父子間的冰霜。孩子真是兩代之間的暖暖包，也是關係互動的催化劑。養兒不一定能防老，但是童稚可愛的小孫女能讓氣氛比較好。

「哇！你們到了！」哲熙開朗的聲音從廚房傳了過來，不一會兒，她端著一盤洗好的水果走出來——是碩大飽滿的草莓及葡萄。

哲熙和哥哥哲生、嫂嫂美庭雖然分別住在高雄和台北，但兄妹感情自小到大還算不錯；即使是求學過程中，哲生提早離開台中老家，搬出去住，但是兄妹兩人都會保持聯繫，不定時通個電話或相約見面。拜通訊方便之賜，哲熙和美庭姑嫂倆另有 line 群組，不時互通有無，若有好吃好玩的資訊，也會相互分享，交流一下。

「來吃水果！來吃水果！是新鮮的草莓，不是冷凍草莓乾喔！」哲熙招呼哥哥、嫂嫂及姪女品嚐新鮮草莓。哲生提著行李，走向樓上的房間，準備先整理一下。哲熙看著哥哥上樓，突然想到了有事想問問哲生，就將水果盤放在客廳的桌上，提醒美庭千萬別客氣，要吃多少有多少；接著，哲熙也跟著走上樓。

「我看天氣預報，明天的天氣似乎不錯，要不要跟爸一起，到台中美術館走走？」哲熙興致高昂地問著。

聽到妹妹的提議，哲生將衣物從行李拿出並放到櫃子裡的手，突然停住了。他並沒有轉過頭，只低聲地說：「一定要嗎……」哲生沒說完的句子，是「一定要跟爸爸一起出門，相處更長的時間嗎？」

「你們難得回來，又是大過年，全家到外面走春，不是很好嗎？」哲熙不解地問，當下覺得自己有點熱臉貼冷屁股，心中升起不太舒服的感覺。

「你們去就好了。」哲生簡短地回應，態度顯得堅決。

「都過了這麼多年，你就不能試著原諒爸爸嗎？」哲熙的這句話，立刻掀開這個家庭長年的祕密，以及家人各自難解的糾結。

「你不懂！你不知道當年到底發生了什麼！他當年做了如此道德敗壞的事，讓我們的家庭破碎，我實在無法原諒。」哲生就像是被刺中的野獸，突然變得很激動。

「人都可能會犯錯，爸爸愧疚了這麼多年，也算是付出代價了……」哲熙也覺得氣惱，嘟囔說著。算了！不說了！哲生的情緒反應，讓哲熙感覺到挫敗，話題似乎又進入了死胡同。僵持的氣氛實在讓人不好受，哲熙旋即走出哲生的房間。

哲熙認為爸爸年紀也大了，再加上媽媽早就過世，總不能讓爸爸下半輩子都只能孤孤單單、一個人咀嚼著悔恨度過。甚至，子女們都不在身邊，即便爸爸要再找個老伴，也是挺好的。

哲生也感到懊惱。怎麼都過了這麼多年，自己的情緒反應還是這麼大呢？而且還對妹妹發火，甚至指責！錯不在哲熙，她是無辜的。

發現心觀點

放下對人性不切實際的期待

家人相處時，總是瀰漫著一股無色無形的尷尬氣氛；一旦與爸媽四目交接，就會各自無意識地趕緊裝忙；只有年幼的小孫子、小孫女，沒有受到前塵往事的影響，最能夠自在地盡情玩耍。

這也是你的經驗嗎？

人的心事不一定藏汙納垢，只是如同海溝，深不見底，深不可測；尤其是不便告人的部分，那些會勾起內疚、自責及傷痛的情節，鮮少有人能主動說出口，因此彷彿很有默契般，大家都不去觸碰。

當哲生聽到妹妹哲熙勸告他應該多跟爸爸相處，哲生瞬間豎起了武裝及心理防衛，不願妹妹提起這個話題，避免再次觸碰到內心深處的傷口。

其實，哲生的內疚是這樣的：「如今活著，而且還過得不錯的自己，是不是對不起媽媽呢？」尤其是跟爸爸互動時，如果維持著相敬如冰的狀態，似乎就能捍衛及保證些什麼……啊！就是沒有對亡者的背叛及不忠。

哲生的心中始終有個坎——他不贊同爸爸續絃，或是交女朋友。然而，他在理智層面知道，讓爸爸用一生的孤單及不被諒解來贖罪，其實很嚴苛；因為哲生明白，已經事過境遷這麼久。然而另一方面，哲生也會對媽媽心生愧疚——如果他投了贊同票，無論是明著鼓勵還是默許爸爸續弦，這樣的他對得起媽媽嗎？曾經親眼看著媽媽如此痛苦及陷入瘋狂，這樣他豈不是太殘忍了嗎？

內心的愧疚也可能「變形」成對當事者，甚至是無辜他人的指責。好比哲生對待哲熙的邀請，正是如此，因為它勾動了哲生內心對於媽媽的愧疚；這份愧疚因為無法消融，也沒有轉化為積極的行動，所以讓哲生長年消極地逃避。

然而，逃避的議題並不會主動消失，反而時常在心中隱隱作痛，甚至蓄勢待發。對哲生來說，他與媽媽曾互相陪伴，走過這麼辛苦的一段，母子之間擁有彷彿是戰友般的情誼。活著並留下來的自己，早就不自覺地帶著背叛家人的罪咎及沉重負擔——這種感覺不容易察覺。

哲生必須能夠清楚地看見並指認出來：這裡面不只有內疚，還有對於自己過高的苛求，對於人性近乎聖潔卻不切實際的期待。

想要梳理自己複雜的情感，需要不過度抗拒，尤其是先拿掉二元對立的思考。所謂的二元對立，就是非黑即白，事情對錯的絕對價值觀。在故事中，哲生看待爸爸曾經的過錯就是「絕對」的錯，所以難以鬆動。更精確地說，也是不敢鬆動，彷彿自己改變做法就是對逝者的背叛。

然而，如果能夠站在更高，甚至是從未來的視角去看待：如果這是父子今生相見的最後一天，只有五分鐘，面對爸爸你會有什麼想說的話？

時常用這個思維提醒自己，才能跨越恨意的屏障，提取出愛恨交織中的愛，幫助受困於內疚感的自己和親人。

我做得還不夠多

下課鐘聲響起。

「謝謝老師。」全班同學起立，齊聲劃一地大喊。袁歡微笑著點頭示意，接著走出教室，轉而朝向教師辦公室，準備稍做休息，再繼續備課。

從三樓教室走向二樓教師辦公室的路途中，會在轉角處經過立薪國中一年級的特殊教育班，這讓袁歡不由得想起，自己家的小弟袁泰也被診斷為身心障礙。當然，各自的狀況及細節不同，對於主要照顧者及家人造成的影響也大相逕庭。唯有「辛苦」是共同的旋律，而「盡頭在哪裡？」則是盤旋在所有照顧者的心中，那時而低語，時而怒吼，甚至想仰天長嘯，卻不便對外人述說的永恆問句。

時光荏苒，烏飛兔走，阿泰已經不是小孩子，而是三十多歲的青年了。

袁歡抵達教師辦公室，先將上一節的課本及相關教材放在桌上，接著從抽屜拿出一包三合一的減糖摩卡，沖泡一杯香醇提神的即溶咖啡。

最懂袁歡的人，大概是她目前的同事侯玫美。玫美是她的大學同學，目前擔任立薪國中的輔導老師。說來也是有緣，她們原本各自攻讀英文系和心理系，系所分屬的大樓不同，彼此活動範圍鮮少重疊，素不相識。到了修教育學程時，兩人才成為同學，沒想到竟一見如故、相當投緣。繼續深入了解，才知她們都是大桃園人，一個住中壢，一個住平鎮，都到台中讀大學，後來也都在台中市區任教。

兩人成長環境及背景十分相似，尤其是聊起家鄉美食、少女時期的逛街路線、當時的各種流行，皆如數家珍。俗話說：「人不親土親。」相似性帶來了熟悉感，瞬間拉近兩人的距離，也讓彼此更加親近。

雖然如此，玫美家的手足故事與袁歡可就截然不同了。玫美上有哥哥和姊姊，是全家最小的孩子；袁歡卻是大姊，不只有妹妹也有弟弟，尤其是有位中重度身心障礙的弟弟——這正是影響袁歡投入教育領域的主要原因。

為什麼呢？從小她就看著母親辛苦，以及父母因此屢起衝突及爭執；即使他們吵架時都會關起房門，但當時還年幼的袁歡都知道，她能感覺到家裡凝結及沉重的氣息，尤其是每當父母吵架過後，那份冷凝更是鮮明。

袁歡的在校成績一向很好，曾經也有過負笈英國讀文學碩士的念頭，只是一下子就被自己身為袁家長女的自我期許澆熄了——

如果去到那麼遠的地方念書，要多久才能回家一次？少說也是一年起跳吧！如果媽媽需要她，如果弟弟的狀況有了變故，那該怎麼辦？「遠水救不了近火」的道理，你我都懂，袁歡又何嘗不明白呢？所以，她仍決定在同一間大學讀碩士班，刻意選在離家不遠的地方讀書和任教，才方便能每兩週就回家一趟。

其實，不只是工作，就連袁歡的婚姻也延遲了……

發現心觀點

越是體貼，越容易產生內疚

袁歡從小在父母照顧弟弟沉重的氣氛下成長，還要承擔父母因壓力而產生的衝突——大人總以為孩子不知道，總以為自己掩飾及隱藏得很好，殊不知孩子其實都知道，不只看在眼裡，也「感覺」得到。此外，父母嚴重爭執，會對孩子造成各種情緒壓力及影響；更甚者，還會讓孩子誤以為是自己害父母吵架，從此懷疑、否定自我，相關的陰影及恐懼，終其一生都揮之不去。

早熟又體貼的人，很容易自發地產生無形的內疚。因為總會期許、希望並要求自己，能夠為別人、為家庭做些什麼。如果沒有做得更好更多，就會感到內疚。伴隨內疚而來的情緒除了「自責」外，還有「預期性的後悔」與「自我形象差」。

所謂「預期性的後悔」，是指預設如果我現在沒有這麼做，將來勢必會很後悔；如果我現在沒有為別人付出（甚至到了犧牲的程度），將來會因為錯過當前的時機（例如對方離開人世），從而悔恨終生。

至於「自我形象差」，則是感覺自己很自私，自認不是一個能將心比心、同舟共濟的人；凡事只顧慮自己，只想要追求本身的理想及渴望，卻無視現實生活中，需要自己分擔及幫忙的家人。

識大體、溫柔、寬容、有耐心、體貼等，都是社會格外讚揚的特質，也是所謂的「好人認證標章」。它讓許多人難以分辨「愛自己」與「自私」在本質上的不同，還有兩者未來的影響方向及層面。甚至不少人對此產生混淆，有著強烈的誤解，將兩者一概而論，誤把愛自己視為自私。然而，這正是**內心曾受傷**、**仍有傷**的象徵。

對自己懷抱「為家人付出、勇於承擔」的自我期許，雖然立意良善，但**愛永遠涉及自由**。我們是否在不知不覺（或者後知後覺）中，侷限了自己的人生選擇？從而導致生命原本能自由發展、揮灑的空間，因為有太多限制而被過度壓迫？這是我們需要時時自省，並且更多留意的議題。

對於能夠看到他人的需要、體貼他人而容易產生內疚的人來說，更要提醒自己：生命的第一主角永遠都是自己，盡可能地去發展自己，你會在更長遠的「未來」收穫更多的能力及資源，去改善「眼前」的難題，讓家人的負擔更能減輕。

同時，別忘了你也是父母心中的「孩子」。你的過度犧牲，也可能換來父母往後的內疚。

尤其，如果你不為自己而活，那麼誰能夠為你而活？你的生命又要交給誰來揮灑及負責呢？

能力越大，責任越大？

為了讓爸爸能夠吃飯，補充必需的營養，外籍看護用力地以手架著爸爸，避免他亂動及抵抗。身為女兒也是家中老大的繡琴，親眼看著爸爸哀哀叫的樣子，在結束這一回合的戰役、站在廚房流理台洗碗時，隨即撲簌簌地默默流淚。

雖然不是每一次，但卻是三不五時。爸爸因為罹患失智症，不只會忘記生活瑣事，還會忘記自己沒有吃飯，有時還連著好幾餐。繡琴想要規勸他進食，還會被爸爸懷疑別有居心，甚至以為她不懷好意，是不是在飯菜裡面下毒！看著爸爸的身形持續消瘦，繡琴勸吃也不是，不勸也不是。勸的過程如同兩軍作戰；不勸的話，天人交戰。

此外，像是爸爸坐久了、躺久了都很容易產生褥瘡，繡琴會牢牢提醒自己要不定時地查看，邀請爸爸起來活動筋骨，不要只是坐著或躺著。別看只是這點小事，若是爸爸正好沒意願、不配合，接下來又是一番折騰。

有時繡琴也生氣了，腦子飄過「我再也不想管你了！」的念頭，但她隨及自責：是我的爸爸啊！我怎麼能夠不管他？我怎麼能夠這麼自私呢？

長照地獄的盡頭，意味著父親的死。光是想到靈堂的畫面，繡琴就打了一個寒顫，還有深深地揪心。即使照顧爸爸再怎麼辛苦，她也很難去期待如果爸爸不在，一切就會恢復正常。因為沙發上那個專屬於爸爸的位子，一旦沒有爸爸坐在那裡，這個家還是原來的家嗎？

繡琴結過婚，但因為前夫有酗酒的習慣，所以在二十年前就離婚了，後來雖然沒有再婚，但也有交往及同居的對象。弟弟早已組成家庭，妹妹遠嫁國外，身為長女也是大姊的繡琴，因為要照顧罹患失智症的爸爸，才從台北搬回宜蘭老家。這幾年的朝夕相處，繡琴眼睜睜地看著爸爸身心狀態每況愈下。環顧擺放在客廳牆上及櫥櫃上的照片，都是他們兒時的回憶呢！繡琴就讀幼兒園、弟弟又安抓週，妹妹繡玲剛出生……還有爸媽當年的婚紗照，兩人正襟危坐，爸爸穿著正式的西裝，媽媽穿著合身的旗袍，一對新人站在老家三合院前。這些照片，都已經泛黃。

爸爸的老邁及退化是多麼鮮明的對比，讓照顧者繡琴感到氣餒和無奈。即使從朋友的角度看來，繡琴已經將爸爸照顧得很好了，幾乎親力親為，而且沒有逃跑，不像「其他人」——好友意有所指的對象，就是時常說工作繁忙、家裡還有一堆麻煩事，偶爾才來一通電話，總是見不到人的弟弟又安。

繡琴記得有天中午吃飯，在某一部重播電影中看到「能力越大，責任越大」這八個字，不禁面露苦笑。應該是「越有責任感，責任才越大」！當其他人都跑光了，對於家人更有愛、更願意付出心力及時間去照顧，對於家庭更有責任感的人，就選擇留下。

看著身體不再硬朗、日漸消瘦的爸爸，繡琴內心的情緒洶湧，思緒纏繞成無數個結——有對爸爸的，也有對大弟及小妹的，不知道能不能解，只能無語問蒼天。

而繡琴內心更深處的自白是：我的餘生都用來照顧爸爸，那麼我自己呢？我有時間及餘裕，好好地善待自己嗎？我能放過自己嗎？

發現心觀點

餘生，先留點時間給自己

看著自己的至親逐漸老去，還有失智引發的各種關係衝突及考驗，讓繡琴感到每一天都是身心俱疲。這是一個盼望著盡頭、卻也不敢盼望著結束的兩難境地。

為什麼繡琴這麼堅持呢？因為她覺得當年爸爸、媽媽也是這樣無微不至把自己養大，現在自己只是回過頭來照顧他們罷了。還有，媽媽生前的千囑咐、萬交代：「你要把你爸照顧好，你爸接下來就靠你了！你不像弟弟一樣有老婆和小孩；也不像妹妹嫁去國外，住得遠。」儘管如此，繡琴仍然覺得自己沒有把爸爸照顧好，對自己感到氣惱。

對於家人深具孝心的照顧者，往往會有「我沒有照顧好」、「我照顧得不夠好」的內疚及自責，也會對於家人病程的進展，有超乎實際的期待。意思是，期盼會好轉，並且**將這樣的期待及壓力，無意識地轉嫁到自己身上，用自己的努力及付出來兌換**。

照顧者的內疚，不只包含照顧得不夠好，讓家人受苦，也包含照顧者本身承擔久了，或犧牲太多，本身也會出現**沒有照顧好自己的內疚**——因為現在也是強調「愛自己」的時代，更加重視個人的主體性。

此外，因為要照顧生病的家人，也可能疏忽對其他家人的照顧，包含毛小孩，例如可能要因此將寵物送人，或暫時交由他人照顧，也可能引發及衍生出更多的內疚感。

兒女願意付出及扶養，不是因為「能力越大，責任越大」，而是那份珍貴的反哺知恩，還有往後能夠無愧於心的善良。「能力越大，責任越大」可以用來期許自己，提升處理事情的能力，同時鍛鍊心性；但**不是用來丟包、推卸責任的託詞**，例如哪個孩子或手足因為單身（無論未婚或離婚），所以時間比較多，就理所當然都是由他來照顧；又或者誰比較會賺錢，就必須付出得比較多。

重點在於：能相互體諒，能看見及感謝對方的付出——無論是金錢、時間還是體力。家人之間持續協商出如何搭配、替手照顧，往後才不會產生更多的積怨。

想要減輕內疚——無論是「沒有照顧好自己」或「沒有照顧好家人」——就是要將內疚化為行動：能夠立下界線，開始履行照顧自己的責任；並在善待自己的行為中，能夠不自責，別再戴上完美孝子、完美孝女的枷鎖。

還有，你必須明白自己是個「人」，不僅能力有限，體力也有限。長照是專業的範疇，你無法照顧到盡善盡美，時時隨侍身邊。這不是你的錯，你也正在學，尤其你需要專業的幫助，而非無止境地承擔責任，還上調照顧的標準。

請更多地看到：你已經做到、還有做得很好的部分。

第6章

憤怒和道歉，哪個成本高？

「當悲傷混合著憤怒，強烈的情緒使人難以看見事情真相」

我的沉默跟我的道歉一樣長

身為一家之主的楊復，面對近乎分崩離析的家，不由得悲從中來，掩面嘆息。他在外面意氣風發，也是許多人信賴的好主管，他的這一生原本幾乎可以說是幸福美滿、人人稱羨。確實，妻子美麗能幹，還生了一對兒女，兄妹倆天資聰穎，不太需要他操心。沒想到卻在六年前，在他即將知天命的年紀，遭逢椎心刺骨的喪子之痛。

楊復猶記得當初收到噩耗時，他正在日本出差，立刻訂了最快的機票回到台灣。甫抵家門，見到哭得肝腸寸斷的妻子，還有難過震驚到無法說話、正在就讀國中的女兒佳馨。他勉強自己要打起精神，扛起一家之主的責任。所謂「認屍」兩個字，以往只出現在電視新聞或小說裡，沒想到卻活生生地在他的人生裡上演，對象還是他所疼愛的孩子！

回憶如同跑馬燈快速播放。還記得知道妻子懷孕、自己即將當爸爸時的欣喜若狂，滿心期待兒子誕生；看著妻子的肚子逐漸隆起及生產，再看著兒子一天天地長大，還幻想過以後兒子進入職場時，他可以分享什麼意見；兒子以後結婚時，身為爸爸的他可以怎麼主持婚宴……

原本一家幸福和樂，沒想到一個溺水意外，卻從此天人永隔。

每當想起，都會讓楊復忍不住鼻酸，然而卻又不可能不想。兒子佳祥意外過世，也在夫妻關係中埋下了一顆未爆彈。記得佳祥的對年那陣子，他看著沉溺在喪子之痛、時時垂淚的妻子禹芳，便提議可以將佳祥的一部分物品捐出，或許有需要的人用得上；畢竟長期閒置在房間裡，也不是辦法，主人也不會回來了。沒想到這段話卻讓禹芳瞬間勃然大怒：「你身為爸爸，難道不會捨不得嗎？你怎麼可以這麼快就忘了佳祥？」

禹芳的怒氣也刺傷了他，楊復立刻反擊似地回應：「你忘了還有佳馨嗎？你眼裡都只有你的兒子！你有關心到女兒嗎？」氣勢不輸人、論理也有據的話才一說出口，楊復就後悔了。

他明明知道這時候的妻子情緒不穩定，不像平時的精明幹練、通情達理，這時候的妻子仍然深陷在失去愛子的無盡痛楚中，他又何必跟妻子過不去呢？他又何必回應這一句話呢？

當下的楊復氣惱了，慌張了，也後悔了。

還有，女兒佳馨後來變得叛逆，跟家人的關係越來越疏離。他屢次看到妻子管教女兒的嚴厲，讓他介入也不是，不介入也不是。幫女兒說話緩頰，就會引起妻子的氣憤；加入管教的行列，讓失去手足的女兒益發委屈。無論怎麼做，都是公親變事主，都會被妻子或女兒有形無形地指責「你到底站在哪一邊？」「你竟然沒有跟我同一國！」選邊站成為了他的難題，也讓他感到窒息。

妻子失去孩子，女兒失去哥哥，他何嘗不是失去兒子的爸爸？甚至，也是失去半個妻子的先生……

發現心觀點

在自己的內疚中，看見對方的內疚

傷痛裡面的怒氣需要出口，需要抒發。然而，我們往往都向最親近的人開刀，如同故事中，妻子和先生之間的互相攻擊，本意都不是要傷害對方，更不是刻意要讓對方難受；更多的，其實是對自己的要求及憤怒，而不是針對另一半。在故事中，禹芳真正不允許的，是自己將過世的兒子淡忘；楊復看似回擊的反應，代表了身為爸爸的自己，對於陪伴及教養女兒的無能為力，需要身為媽媽的妻子來協助。

當悲傷混合著憤怒，強烈的情緒往往更讓我們難以看見事情的真相。另外，傷痛也會激發及引出更多的傷痛，持續共振著，讓沒有妥善處理的痛苦及內疚持續膠著。

想要解開這樣的僵局，需要在自己的內疚中，看見對方的內疚。無論是誰「先」說了傷害對方的話，或者誰接下來回應了看似反擊的話，那個過程中肯定都沒有好話，也都在**播種自己內心深處傷害對方的愧疚**。只是事過境遷之後，沒有人敢主動掀開傷口，並且能真實地、好好地面對內疚。

然而，我們應該要能將心比心、換位思考，**我們心中會感到內疚，對方也會有**。然而，這裡的難處及關鍵，就在我們對於人性的價值觀——**對於人性本質有沒有足夠深厚的信任**？如此，才能跨越自己心中的懷疑及不安，看見人性本質的良善：但凡侵犯了人、傷害了人，都會產生內疚感及罪惡感。

那麼，該如何面對愧疚感？我們需要學習看見，一個人沉默的背後，常常也有著他長年說不出口的道歉。

有時關係越親近，「對不起」越難說出口；像是夫妻之間，就很難開口道歉，或是不知道該怎麼道歉。當事者（常見於男性，或事業成就相對優異的那一方）常礙於自尊拉不下臉來，又或是心有顧忌、餘悸猶存，深怕自己哪壺不開提哪壺，一旦提起這個話題，又惹對方生氣或傷心。

然而，**無法化為積極行動的內疚會繼續卡在心裡**，逐漸加深關係裡的鴻溝。

此外，我們都需要留意，溝通及表達時所使用的語句。一旦開頭有太多的「你」，就容易給人被指責的感受；尤其是在語氣及態度不佳時，更是擴大了誤解及爭端。

當然，人在情緒上頭時，多半都會顧不得其他，只想一吐為快。此時，有「自知之明」的離開或許是比較好的做法。離開現場並不是懦夫，而是能覺察到自己的情緒太激動，有鑑於過往的情緒反應模式，知道自己接下來說出口的話可能會不適當、會有攻擊性；先離開風暴中心，等到情緒趨緩，再進行表達及溝通，才是明智之舉。

抱歉，我真的無能為力

「你為什麼決定請看護？至少要跟我討論一下吧！還花這麼多錢！」又安對於姊姊繡琴的決定，怒不可遏；他著急得如同熱鍋上的螞蟻，沒有說出口的話，則是「完蛋了，前幾天兩個孩子的註冊費、補習費就繳了快十萬，股市又大跌，還有下個月的房貸等開支，可能會繳不出來。肯定又要被妻子罵慘了……」

「跟你討論？我找得到人嗎？」身為爸爸的主要照顧者，繡琴已經身心俱疲，懶得跟大弟解釋了。「你說話小聲點，爸爸正在午睡。」繡琴壓低音量地講完，就決定繼續回覆工作信件。繡琴不是不生氣，而是她早已過了最生氣的那段時間；有時不免覺得，為了照顧失智症的爸爸，連她自己都快要罹患憂鬱症了。

又安眼看姊姊不想談，索性回到自己的房間，懊惱又洩氣地癱坐在床上。現實生活中，各方進逼的負擔，樣樣都需要錢，他能怎麼辦呢？

又安隱隱約約也知道，爸媽確實偏心，說穿了就是重男輕女。他是這個家的獨子，又因為爸爸沒有其他兄弟，他也是整個王家唯一的男丁。爸媽老早就把財產做了分配，房產就是留給他；至於留給女兒的，就是相較於房產市值九牛一毛、不到十分之一的兩百萬。媽媽在世時，就對著姊姊明講：「這個房子是要留給你弟的，你不要想，給你的兩百萬已經很多了。」

當時還只是高中生的又安，聽到媽媽這樣說，就覺得這個天平傾斜得很嚴重，心裡頭感到不妥。但是他又能說什麼？他也改變不了爸媽的決定，不是嗎？

如今又安已經為人夫，為人父了。有時轉開電視看到關於長照的新聞報導，新聞中提到的「棄養者」三個字彷彿都是在指責他。唉……我也不願意啊……每當他提到照顧爸爸，就會招致妻子的微詞，甚至還有可能引發夫妻之間的爭端，徒增不快。不是他不想照顧，只是他又得徵詢妻子的意見，顧慮她的感受——說穿了，也是有點怕她。

常常都是這樣：每當又安想要溝通、想要表達自己的意見，但妻子只要一個眼神、一句話，就把又安接下來想要說的話，全都給堵住了！既然多說無益，那還不如不說，就先擱著吧。然而，身為不孝子的內疚，還有眼看大姊跟他的關係越來越差，互動越來越冷漠，他哪裡又感到快樂呢？

又安可以或多或少想見，姊姊繡琴面對的折騰。身為照顧者的姊姊，要親眼看著爸爸一步步地退化，這種心力交瘁和折騰，應該相當難受。不只如此，待在身邊的兒女，可能也最容易遇到被罵、被糟蹋的困境；加上姊姊曾說爸爸動不動就發火，恐怕連她的一番好意也會被斥責。

反觀沒有住在一起的自己，久久才出現一次，卻能被爸媽當成貴客。媽媽在世時，對待又安的態度總是好很多；家中若有急事要處理，都是打電話給姊姊，不敢麻煩自己。都說兒子女兒「手心手背都是肉」，但事實就是差別這麼多！

姊弟之間的隔閡，還有手足之情的撕裂，怕是修補不回來了……

發現心觀點

以同理心化解關係心結

在重視孝道的華人社會，但凡涉及背信棄義、選擇棄養爸媽及孩子的人，往往都會是千夫所指，不被他人所理解及接受。

從上述故事可以看到，棄養者又安選擇不照顧爸媽的因素很多，例如現實的財務考量，以及妻子的不滿。對於來自伴侶的壓力，不能淪於最表面的解讀、簡化為伴侶的強勢，而是要能看到，它反映出當事者**在親密關係中「早」就無能為力**——可能是參與度低，或者傾向逃避——才會影響到後續照顧爸媽的各種決定。

故事當中，又安身為弟弟的愧疚——在原生家庭中逃避，在照顧爸媽上缺席——很大原因是出自現實的金錢壓力，還有與妻子溝通的恐懼。

然而，金錢相關的壓力，需要理財方面的知識，從而改善財務方面的困境，肩頭壓力能相對減輕。與伴侶溝通的恐懼，則是學習勇敢的契機；如果在親密關係中，有需求不能說，有負面感受卻只能壓抑，那麼這已經是警訊。

遇到這樣的狀況，反而要向內爬梳，你恐懼的到底是什麼？又有哪些？

是害怕伴侶生氣而離婚？還是離婚讓你很沒面子？又或者認為離婚就不再是完整的家，而你的信念之一，是必須要給孩子一個完整的家庭，才是好爸爸？……

不過，棄養者也會有棄養的內疚，只是這份內疚更加隱微，藏得更深；或者要等候更久的時間，才顯露於外並且被人知道。

棄養爸媽或孩子的人，很可能在多年後回想，當年若是沒有棄養家人，就沒有往後不定時在心中湧現的內疚，時常活得忐忑不安，甚至畏畏縮縮。又或者，棄養爸媽的當事人到了自己的老年，當兒女對待自己不孝時，才映照出當年自己的棄養行為，對於爸媽有多傷！

減輕內疚的最實際做法，終究是立刻化為建設性的行動，誠心誠意地道歉，讓對方明白你的內疚及反省。真正重要的是，此舉主要目的並非為了減輕自己的內疚，因為這仍是自利的角度，而是讓受傷的對方經由你的解釋、道歉等行動，進而釋懷。你才能夠減輕內疚。

棄養問題通常也會牽涉到其他家人，例如故事中，姊姊對於弟弟的心結。身為手足，都是爸媽所生，理應要平均分擔照顧爸媽的責任；但是在現實生活中，能真正做到的卻很少，因為每個人對於付出的認定，都有各自的主觀，也有各自生活中的困難。許多人內心過不去的糾結、讓人感到澈底心寒的，不一定是追求百分之百的公平，而是對方連付出、分擔的意願都沒有；或者，沒有得到肯定及一句感謝。每個人都期待自己的付出能被看見、被感謝。此外，主要照顧者的指責及抱怨，更多時候是**求救的訊號**，**而不是刻意要將家人一起拖下水**；了解了話中深層的意涵，聽者才不會在心裡豎起防衛機制。

時時提醒自己：學習看透許多人「看似」自私自利的行為背後，都有他**心理餘裕的貧乏**，還有他**對自己的能力畫地自限**，認為自己無力突破困境。所以能逃避的，就逃避，卻也讓自己持續為難，深陷僵局。

同理他人雖然格外困難，卻也是化解關係心結的立基點。

我只是想陪伴孩子長大

阿杰頂著大太陽，悲涼地想著：自己的人生怎會變得這麼幽默？不是輕鬆詼諧的那種幽默，而是黑色幽默。他竟然淪落到，要拿著剛剛特地去超商買礦泉水所開立的發票，對著門牌門鈴和發票「合照」，只為了用來佐證他有在約定時間抵達女兒和前妻的家，卻被拒絕探視。

時光倒轉到六年前，他跟妻子結束了五年的婚姻。如同多數離異夫妻，都會面臨爭取監護權這個戰場。阿杰站在法院，聽到法官懷疑自己的親職教養能力，最後將孩子的監護權判給了前妻。一開始，阿杰告訴自己，女兒跟著前妻也好，畢竟都是女生，也許母女之間更方便講心事；自己身為異性，或許女兒到了青春期，有些議題會不好意思跟他開口討論。他也時時提醒自己，不能因為離婚就開始黑化前妻，不能否定前妻當媽媽的用心。

沒想到，自己當初的樂觀，如今看來更像是狠狠地打了自己一巴掌。因為前妻後來在和他約定好見女兒的時間，刻意安排了女兒的補習，或以各種意外為理由，讓阿杰無法順利探視。好長一段時間，他只能看著女兒夾在爸媽之間低著頭，或尷尬或冷漠的神情；明明跟女兒只是幾個箭步的距離，卻只能目送女兒離去。好幾次，阿杰快要當場發火，可是卻又拚命忍住——他不能在女兒面前情緒失控，尤其是父女倆已經沒有同住在一起了，難得的相見還在女兒心中留下暴力父親的負面印象，那可萬萬不行！

那種受挫、憤怒、難堪、失落及惶恐……讓阿杰感到自己彷彿是個罪人，覺得自己真是一個失敗的父親。種種苦楚及心酸真是難以嚥下，然而他不想放棄。

對於自己無法全程參與孩子的成長過程，可能錯過孩子重要的生命片段，讓阿杰從最初的手足無措，到深感虧欠，所以後來盡可能地彌補、盡量地去做。還記得半年前的傍晚，那天下著傾盆大雨，卻是女兒的大日子——女兒在音樂學習班的發表會上，即將登台吹奏豎笛。阿杰事先訂了一束鮮花，帶著女兒會喜歡的禮物，興高采烈地到了發表會現場，卻被前妻擋了下來。前妻說他的出現會影響女兒的表現，也會模糊焦點，讓其他同學及家長關注她的爸爸，徒增女兒往後的困擾。

原先以為能給女兒驚喜，以為能聽到女兒吹奏的美妙樂音，結果阿杰一個人像個傻子在外面等。一次次地缺席，讓身為父親的自己感到無可奈何，也讓他對於孩子感到內疚，不知道還能做什麼。同時也深感惶恐，他和女兒之間的距離似乎越來越遙遠——那可是他的骨肉至親，他最心愛的女兒！好怕再這樣下去，父女之間會成為最熟悉的陌生人……

發現心觀點

陪伴不一定是在身邊，換個方式讓孩子更了解你

故事中，阿杰對於自己無法親自陪伴女兒長大、錯過孩子重要的生命片段而深感內疚，所以想盡可能地彌補女兒。然而法律的判決與妻子的拒絕，令他感到滿腹的辛酸、委屈、忿怒還有愧疚，混和交織成無以名狀的情緒。

許多單親家庭的爸爸或媽媽，常常會對於孩子感到內疚，深怕無論是自己主動提出離婚，還是被離婚，會對孩子的生命造成陰影，留下負面影響。

不只是單親家庭，現今有許多偽單親的家庭，長年在外工作、不在家的爸媽，也會出現相似的愧疚感。又或是，夫妻雙方對家庭責任的認知不同，或心態上沒有澈底意識到身為爸媽的責任，也會徒增夫妻之間的摩擦。像是其中一方「人在心不在」，例如陪伴孩子時，仍放不下手機——若是為了家庭生計，必須即時處理工作也罷，然而他滑手機的目的，是玩遊戲、追劇……

爸媽怕自己或另一半沒有陪伴在孩子身邊，孩子很可能學壞，成為所謂的不良少年；怕孩子在只有單親的家庭中成長，不只少了另一方的關懷及教育，還缺少來自爸媽，甚至是祖父母、外祖父母的愛……這些無邊無際的負面猜想，都會帶給單親爸爸／媽媽更多的壓力和重擔。尤其，這些家長自身還有面臨離婚、尚未釐清及修復的傷，還有許多關於前夫、前妻的怨懟及沒有和解的心結；也因此，更難成為理想中、離婚後能為孩子最大福祉共同努力的「合作父母」。

單親爸爸／媽媽的身心狀態及情緒困擾，是不容輕描淡寫及忽視的項目，可能更需要優先處理，需要更多協助。然而，多數人都是聚焦在孩子的議題上，殊不知，把時間、心力都圍繞在孩子身上，孩子也會感受到無形的壓力，似乎必須要表態，甚至要對爸媽其中一方輸誠。

與教養相關的內疚，也包含了身為探視方（相對於住在一起的照顧方）為了彌補長時間在孩子生命中缺席，希望能在短暫的相處時間裡讓孩子快樂，讓孩子對自己有好的印象，而讓孩子予取予求，或常常買禮物討好，做為犒賞及補償。對孩子的要求來者不拒的結果，有可能成為孩子的提款機，無法給予合適的教養。管教也不是，放縱更不是，尺度難以拿捏，時時左右為難，進一步造成更多的內疚和自責。

做為無法時刻陪在孩子身邊的一方，不要講求形式上的陪伴，更要看見影響孩子身心發展的整體因素；擁有彈性的認知，才能不被過度擔憂及焦慮所影響。其次，學會運用巧思，透過更多種方式跟孩子互動，用「心」及「新意」去陪伴；例如，將自己對孩子的關心及思念寫在臉書或部落格，讓孩子有更多的管道去了解你的心聲，去認識沒有跟自己住在一起的爸媽——你在哪裡工作、你最近的生活、你對孩子的想法，以及你是怎麼樣的人。孩子才能明白，「原來爸媽的心中一直有我。」

大人的道歉

小小正跟好友坐在韓式炸雞店的角落，小小對好友抱怨：「我媽真是太過分了！竟然偷翻我的日記，實在可惡至極！」偷翻日記、窺探她的隱私也就算了，媽媽竟然還說：「如果你沒有做虧心事，幹麼怕我看！」天哪！真是強詞奪理，更是歪理！小小怒不可抑地說著。好姊妹宣薇邊聽邊笑，心中也是頗有共鳴，接著說：「你媽後來有跟你道歉嗎？」

「道歉！我呸！要大人道歉，不如要他們吃大便還比較容易！」

小小的媽媽娟娟上週因為日記的事與女兒起衝突，女兒反應靈敏、理直氣壯，娟娟情急之下，只能用相當薄弱的一句話「因為我是你媽」就想一筆帶過，用爸媽的輩分去鎮壓孩子。她何嘗不知道自己理虧呢？都說要尊重孩子，她也知道孩子和自己彼此是獨立的個體，但就是忍不住想要（偷）看孩子的日記，看看女兒是不是有什麼沒有對爸媽訴說的事，尤其是舉足輕重的大事。可以想見，少女談戀愛哪裡會跟爸媽說？包含小情侶進展到什麼階段，有些畫面想來就讓人面紅耳赤……

娟娟隔天接小小放學時，刻意經過知名的少女服飾店，想要藉由買東西來賠罪，間接表達對女兒的歉意。但小小不領情，說她衣服很多、目前不缺，現在只想要趕緊回家梳洗及寫作業。娟娟內心的懊悔無從表達，也無法用禮物替代賠罪，只好繼續把情緒擱在心裡面。

回到家後，母女之間再無對話，娟娟也只能目送女兒上樓回房梳洗。坐在客廳的她越想心情越悶，卻也頓時回想起自己小時候，有經歷相似的情景。娟娟國小的時候，有一次月考考差了，被爸爸狠狠地毒打一頓，痛得娟娟躲也不是、不躲也不是，只能一直哭。隔天下午，麵包車經過了家門口，爸爸叫她一起出門去買麵包。咦？買麵包、買零嘴這回事，平時都是媽媽去買，根本就不見爸爸身影。怎麼就這麼「剛好」，娟娟被打的隔天，爸爸彷彿變成另外一個人，做了前所未見的事，竟然特地叫她一起去買麵包，還要她多挑幾個自己喜歡的口味。

對那個時代的孩子來說，麵包車經過家門口是多麼開心的事！載滿麵包的廂型車，後車門一打開，一層又一層各色各樣的麵包：鹹的、甜的、有包餡的、沒包餡的，讓人口水直流！草莓椰子麵包、螺旋奶油捲、奶酥麵包、青蔥麵包、肉鬆麵包……娟娟一口氣就挑了五個！

這是多久以前的往事了！娟娟忍不住笑了，她笑當年的自己，就是報復性購買！她氣爸爸用水管打自己，讓她的大腿、小腿留下一條條難消的紅腫痕跡，更讓娟娟接連好幾天都睡不好覺；也氣爸爸說不出口的道歉。時光匆匆，沒想到已經過了三十年，爸爸已經不在人間了。

爸爸那時候，應該很內疚吧？對於他自己管教過當、出手太重，應該也很懊惱及自責吧！

發現心觀點

真誠道歉是最低成本、最直入人心的方式

對大人來說，面子凌駕一切。為了自己無謂的自尊，經常拉不下臉道歉。明明做錯事，但就是不肯道歉；後來突然變得很大方，帶孩子去買東西；或者突然延長孩子使用手機的時間，裝作沒看到孩子到了關手機時間卻還在玩……大人拐彎抹角地想彌補當初對孩子的傷害，但就是不願直接面對、認認真真地說聲「對不起！」

真誠道歉，跨越過不去的自尊，卻是成本最低，也是最有效益的方式。

二十世紀最具影響力的傳奇思想家，也是新世紀運動的重要心靈導師克里希那穆提（J. Krishnamurti）在其著作《最初與最後的自由》提到，「關係意味著沒有恐懼的交流、自由了解彼此、直接的溝通。」這代表了我們能夠袒露自己內心真實的想法，也包含了當我們感到內疚及渴望道歉時，能跨越自己的恐懼及過程中的不舒服，例如遭到對方抗拒及排斥。就如同克里希那穆提在書中相當深刻、寓意深遠的話：「關係是種自我揭露，就因為不想暴露自我，才會躲藏在安撫之中，然後關係就失去了它非比尋常的深度、意義和美麗。」

在上述故事中，娟娟被女兒冷處理，相信也是許多爸媽的經驗。為什麼會被冷處理呢？其中一個原因是，對於內心受傷的當事者而言，這樣的道歉方式有所保留、不夠誠懇，同時有「以小博大」的不公平感覺。

被打、被罵、被誤會……都有著被羞辱及被傷害的意涵，那是很深層及強烈的內心受傷感。若是用金額來比喻每件事的心理價值感，受傷的感覺換算成一萬，對方卻只想用價值十元的東西打發掉，當然是「不成比例」，自然也就達不到平復對方的憤怒，以及**回應對方內心受傷的程度**。然而，我們也要明白，**每件事的心理價值感因人而異**，用物質賠罪也可能遇到對方獅子大開口、無限上綱的問題。

如果向對方示好、表達善意及歉意卻遭到冷處理，無法及時得到對方的諒解，那麼你能做的是，提醒自己給予對方時間及空間，消化及處理情緒。勉強對方必須立刻接受自己的道歉，反而淪於粗暴及流於外在形式。

練習開口說的勇氣，持續表達你的愛與歉意——不只是表達歉意，還有傳遞自己在過程中學到什麼事；讓對方明白「你很重視他」，而你自己也在持續學習、進步。真誠面對，最能直入人心。

誰來替我著想呢？

一早醒來的繡玲，簡單完成盥洗及梳妝後，就展開忙碌的一天。繡玲結婚之後，就隨著先生從台灣搬去澳洲墨爾本；然而，她不是去過家庭主婦的生活，而是發揮她的休閒管理專業，在當地首屈一指的W Hotel擔任經理。身為飯店唯一能夠講出流利華語的人，加上個性親切負責，不只飯店同事相當倚賴，她也是世界各地的旅客——尤其是來自台灣及中國的旅人——都相當喜歡的服務人員。

頂著包頭，臉上薄施脂粉，笑容滿面……別看繡玲一臉優雅的模樣，看似游刃有餘的她，其實快累垮了。繡玲身為職業婦女，又是外地移民，再怎麼說都沒有在自己的國家放鬆。不僅如此，繡玲也是累死自己的全能媽媽。

平時白天忙於飯店工作，半夜起床餵奶、換尿布、哄小孩。教養書上都說孩子六歲以前是人格發展的黃金關鍵期，若是交給保母帶，就等同於母親失職！公公婆婆帶小孩，可能會讓長輩太累，加上兩代之間教養觀念不同，屆時又要額外費心神，跟公公婆婆溝通。那麼交給隊友呢？先生粗枝大葉的習慣真的能照顧好嬰兒嗎？況且先生平時要上班，也很辛苦，她總要體恤另一半吧！

原本還能跟遠在台灣的大姊繡琴透過越洋視訊來訴苦談心，然而這兩年的通話聯繫，總是跟大姊鬧得不愉快。一小部分是因為疫情，出入境都要耗上許多時間隔離和檢疫，繡玲不方便回台灣探望家人；另一部分——這可能才是姊妹關係惡化的主因——就是大姊照顧失智爸爸的事。

繡玲可以感受到姊姊的辛苦與不容易，在視訊通話中，或多或少都能觀察到姊姊的疲憊及不愉快。這也勾起繡玲不僅無法盡孝，同時讓姊姊一人承擔的雙重內疚感。然而有好幾次，繡玲也被姊姊的話語刺傷，讓她的內心相當不舒服。姊姊彷彿是在責怪她：「你只照顧自己的家，卻不顧在台灣的家，尤其是年邁失智的爸爸。」

繡玲想著：我哪裡是個自私的人呢！我都已經做了這麼多，不是嗎？姊姊的話不只讓她感到受傷，她也益發覺得姊姊的性格變得灰暗扭曲，越來越難相處。「更何況，我都有替你想，你怎麼沒有替我想呢？」想著想著，繡玲更加覺得委屈，姊姊應該跟我道個歉吧！

然而思緒一轉，到底是誰該跟誰道歉呢？

發現心觀點

看見對方百分之五十的好的一面

林林總總的無數信念就像一串肉粽，由主要核心信念延伸出更多相關信念，讓人攬上更多責任，也讓自己忙得喘不過氣來。以故事中的繡玲為例，她是主管，也是妻子、媽媽和媳婦。想要做好的完美主義信念，就會讓她必須是好主管，也必須是好妻子、好媽媽及好媳婦。不要麻煩別人，盡可能都要自己來。

姊妹各自辛苦與為難，變成手足關係的未爆彈。想要解除關係中的危機，不只要讓對方及早明白自己的難處，更要懂得表達出關心對方的體恤。例如，在通話中，我們習慣、也喜歡成為訴說者，而非傾聽者。不妨試著回想，自己是說的時間比較多？還是聽對方說的時間比較多呢？

關心對方、對關係有益的方式，不一定是親自趕赴現場，而是能夠真正聽懂對方尖銳的話語背後，正在求助的訊號。當我們正確地抓到對方的訊號，內心也能變得寬容與柔軟。

每個人都有自己的辛苦及痛苦，都有自己的負擔。任何人都只能窺探到別人生命的一小角，難以看見全貌。而且，看不見的不只是水平面，而是立體的更多切面。

我們都需要更多的時間及事件的累積，才能看到別人生命的更多面向，包含他正在承擔卻沒有說出口的事；他曾經歷卻不曾對外人言的苦難。因為看不到全貌，所以多數人傾向將眼前看到的缺點，概化成對方的一切。

然而，如果我們對於人性有信心，我們就不會急著做出評價及下判斷。

對人心良善保有信心的重要性，在於你**不會誤判人心**。不會因為當前的痛苦與不愉快，就抹煞對方原本還有百分之五十的好的面向，而把對方的心態澈底地、百分之百地往負面的方向解讀並放大，從而加深關係的誤解，染上怨恨的色彩；也讓內心深處的愧疚更難以浮現，失去轉化及處理的機會。

被公認為當代最卓越的精神導師克里希那穆提說過：「**愛是時時刻刻不間斷的轉化**。」那麼轉化又是什麼呢？「能夠時時刻刻的認知錯誤，就是轉化。」

如果我們能讓自己的心靈保持清醒明覺，不被情緒及事件牽著鼻子走，持續認出那些在人與人之間製造對立、分化、忿恨、痛苦……的因素，尤其能從**長年以為是真實的、以為是對的想法中認知到「原來是錯的」**。如此就能從枷鎖中掙脫，給予對方和自己時間及機會，也給予關係修復及變好的可能。

當我們懷抱著愛與耐心，隨著時間軸拉長，也會逐漸看到對方從自己的功課中成長，從自己的內心枷鎖中掙脫，收到他或她遲來的道歉。然而，道歉來得早或晚並非重點。重要的是，正是因為你對於人心沒有誤判，才能讓對方假以時日，能夠鼓起勇氣地道歉，處理他埋藏多年的內疚，帶來關係的春暖花開。

結語

看見自己與對方的心聲，踏出修復關係的第一步

——本書中的五個家庭

我在有意無意間，傷害了很重要的人，我們還有機會修復關係嗎？

我想跟對方道歉，又擔心被拒絕，所以將「對不起」藏在心中……

家人經過長久的疏離，雙方還有可能放下過去的傷害嗎？

看完前面的故事，是否有回應你心中關於上述的疑問與想法呢？

最消耗身心的愧疚，往往來自家庭或親密關係，因為他們是我們最重要的人，所以直接影響著我們的情緒能量、自我形象、自我價值及生命動力。

因此本書故事的發生場域，主要集中於家庭及婚姻當中，並且以情緒做為切入點，來梳理各種不同類型的內疚情緒。但相信可能有讀者注意到了，

這二十五篇故事的主角，幾乎也同時做為配角，出現在其他篇故事中。本書共涵蓋五個家庭。

衝突不斷的家庭

郝仁（父）：被捲入母女戰場而難做人。（p.52）

素真（母）：跟女兒衝突不斷並感到失望。（p.44）

鈺萱（女兒）：青少女，抱怨媽媽管太多。（p.36）

＊雅苓：鈺萱無話不談的閨密。（p.59）

背叛陰影下的家庭

煒豪（父）：曾經傷害家人的丈夫與爸爸。（p.28, 136）

哲生（兒子）：因多年心結無法諒解父親。（p.74, 166）

美庭（媳）：哲生的妻子，面對著丈夫的逃避。（p.82）

哲熙（女兒）：希望爸爸和哥哥能夠和解。（p.100）

＊小琉：煒豪多年前的外遇對象。（p.109）

承受育兒重擔的家庭

袁齊（父）：無法接受孩子多重障礙。（p.142）

淑婉（母）：因生下身心障礙兒而自責不已。（p.118）

袁歡（長女）：體貼，主動為家人分憂。（p.175）

袁欣（次女）：曾欺負弟弟。（p.90）

阿泰（小兒子）：因多重障礙而長期在家。（p.125）

失去親人的家庭

楊復（父）：家逢巨變，與妻子發生衝突。（p.192）

禹芳（母）：悲傷不已的媽媽。（p.156）

佳馨（女兒）：活在哥哥早逝的陰影中。（p.149）

長照的家庭

繡琴（長女）：搬回老家照顧失智爸爸。（p.182）

繡玲（次女）：定居國外，同時忙於工作與育兒。（p.224）

又安（小兒子）：時間與經濟皆無能為力的小兒子。（p.200）

***麗娟**：繡琴的朋友，愧於將母親送安養院。（p.65）

五個家庭群像希望呈現的是：親人間的內疚，如何困住自己、困住感情的流動。

在漫漫人生中，或許我們曾在某時某刻，做了傷害他人的事；也或許曾是被傷害的一方。我們可能是欺負過手足的哥哥或姊姊；可能是忤逆過父母的子女；可能是傷害過心愛之人的伴侶；可能是自責於顧不好孩子的爸媽……我們可以從家庭群像中，找到與自身貼近的議題。

另一方面，由於內疚與其他情緒牽涉的不只是個人，而是在關係互動當中產生，所以透過輪番揭露每個家庭成員的心路歷程，也讓我們得以看見另一方的立場、無奈，甚至是深埋心底、隱而未現的內疚之情，用更寬廣的視角，看到每個人都有自身的成長議題與進程。如此，我們就能有多一點放過自己的寬容；有多一點表達歉意的勇敢；有多一點體諒對方的釋然。讓流動在人與人之間的內疚之情，成為自我覺察與關係修復的契機。

輕心靈 011

療癒內疚

停止自我定罪，重啟生命的力量

作　　者｜洪培芸
責任編輯｜謝采芳、許嘉諾（特約）
封面設計｜Ancy PI
作者照片攝影｜林亮宇
內頁設計與排版｜中原造像股份有限公司
行銷企劃｜洪筱筑

天下雜誌群創辦人｜殷允芃
董事長兼執行長｜何琦瑜
媒體產品事業群
總 經 理｜游玉雪
副總經理｜林彥傑
總　　監｜李佩芬
行銷總監｜林育菁
版權主任｜何晨瑋、黃微真

出 版 者｜親子天下股份有限公司
地　　址｜台北市 104 建國北路一段 96 號 4 樓
電　　話｜（02）2509-2800　傳真｜（02）2509-2462
網　　址｜www.parenting.com.tw
讀者服務專線｜（02）2662-0332　週一～週五 09:00~17:30
讀者服務傳真｜（02）2662-6048
客服信箱｜parenting@cw.com.tw

法律顧問｜台英國際商務法律事務所．羅明通律師
製版印刷｜中原造像股份有限公司
總 經 銷｜大和圖書有限公司　電話｜（02）8990-2588

出版日期｜2023 年 12 月第一版第一次印行
定　　價｜380 元
書　　號｜BKELL011P
ＩＳＢＮ｜978-626-305-643-3（平裝）

訂購服務
親子天下 Shopping｜shopping.parenting.com.tw
海外．大量訂購｜parenting@cw.com.tw
書香花園｜台北市建國北路二段 6 巷 11 號　電話｜（02）2506-1635
劃撥帳號｜50331356 親子天下股份有限公司

國家圖書館出版品預行編目（CIP）資料

療癒內疚：停止自我定罪，重啟生命的力量／洪培芸著. -- 第一版. -- 臺北市：親子天下股份有限公司，2023.12
236 面；1.5 公分. --（輕心靈；11）
ISBN 978-626-305-634-3（平裝）

1. CST：自我肯定　2. CST：自我實現　3. CST：生活指導

177.2　　112018141